珠玉詞
주옥사

〈지식을만드는지식 고전선집〉은
인류의 유산으로 남을 만한 작품만을 선정합니다.
읽을 수 없는 고전이 없도록 세상의 모든 고전을 출판합니다.
오랜 시간 그 작품을 연구한 전문가가
정확한 번역, 전문적인 해설, 풍부한 작가 소개, 친절한 주석을
제공합니다.

珠玉詞

주옥사

안수(晏殊) 지음

윤혜지 · 홍병혜 옮김

대한민국, 서울, 지식을만드는지식, 2024

편집자 일러두기

- 이 책은 2019년 장쑤평황원이출판사(江蘇鳳凰文藝出版社)에서 출판한 《주옥사(珠玉詞)》를 원전으로 삼아 번역했습니다.
- 이 책에는 현재 전하는 《주옥사》 136수를 모두 옮기되, 판본에 따라 수록된 136수가 완전히 동일한 것이 아닌 약간의 출입을 보이고 있는 점을 감안해, 판본이 다르다 해도 《주옥사》에 수록된 사작(詞作)을 모두 살펴볼 수 있도록 저본에 수록된 136수 외에 출입을 보이는 작품들을 더해, 총 140수를 번역했습니다.
- 주석과 해설은 모두 독자의 이해를 돕기 위해 옮긴이가 작성한 것입니다.
- 본문은 작품 번역과 원문, 작품 해설의 순서로 기술했으며 주석은 각주로 표시했습니다.
- 한글에 한자를 병기할 때 괄호 안의 말과 바깥 말의 독음이 다르면 [ ]를 사용하고, 번역어의 원문을 표시할 때는 ( )를 사용했습니다. 또 괄호가 중복될 때에도 [ ]를 사용했습니다.
- 외래어 표기는 현행 한글어문규정의 외래어표기법을 따랐습니다. 중국 인명과 지명 중 옛날 인명과 지명은 한국 발음으로, 현대 인명과 지명은 중국 발음으로 표기했습니다.

차 례

1. 밝은 달은 고통스러운 이별의 원망을 알지 못하고 · · 3
2. 좋은 꿈속의 그대를 찾을 길이 없다네 · · · · · · · 5
3. 돌이켜 보니 지금은 반도 남아 있지 않네 · · · · · · 7
4. 삶은 일장춘몽과 같으니 길어야 얼마나 길겠는가 · · 9
5. 오직 그리움만은 끝이 없네 · · · · · · · · · · · 11
6. 석양은 서쪽으로 지는데 언제쯤 돌아오시려나 · · · 13
7. 늘 이별로 인해 쉽사리 마음 상하네 · · · · · · · · 15
8. 평생의 뜻을 다 적어 놓았네 · · · · · · · · · · · 17
9. 가을바람이 소슬히 불어 · · · · · · · · · · · · · 19
10. 그대는 천만 가지로 얽힌 시름을 견디며 · · · · · 21
11. 엄화 계곡 곁에 채색한 배를 세우니 · · · · · · · 23
12. 수천만 번 그리워 되돌아보네 · · · · · · · · · · 25
13. 작은 길에는 붉은 꽃이 드물어지고 · · · · · · · 27
14. 하늘 끝 땅끝까지 그를 찾는 내 그리움만이 남았다네 29
15. 그때 쉽게 그대와 이별했으니 · · · · · · · · · · 31
16. 이 밤 술에 취함을 사양하지 말기를 · · · · · · · 33
17. 어찌 다 세세히 전할 수 있을까 · · · · · · · · · 35
18. 이렇게 흘러갈 뿐이네 · · · · · · · · · · · · · 37

19. 이 마음 천 겹 만 겹 · · · · · · · · · · · · 39
20. 지난해의 오늘을 떠올리니 · · · · · · · · · · · 41
21. 해는 길고 버들 솜은 가볍게 날리는 때 · · · · · 43
22. 모란꽃 요염한 모습은 천금의 가치라네 · · · · 45
23. 누구를 위해 초췌해지고 얼굴빛을 잃어 가는지 · · 47
24. 작은 병풍 펴고 수놓은 주렴은 내려야겠네 · · · · 49
25. 푸른 잎과 붉은 꽃은 새벽안개 속에서 아름다운데 · 51
26. 잠시 머물던 이 말을 타고 돌아가자고 연회 자리를 재촉하네 · · · · · · · · · · · · · · · · · 53
27. 가는 비와 안개 머금은 버들잎이 우리의 마음을 이어 주네 · · · · · · · · · · · · · · · · · · 55
28. 저녁녘 화장한 얼굴이 연꽃보다 아름답네 · · · 57
29. 몇 번의 성긴 비가 둥근 연잎에 떨어졌을까 · · · 59
30. 이 순간 그때의 풍류를 후회하네 · · · · · · · 61
31. 작고 가벼운 배는 마음대로 떠다니네 · · · · · 63
32. 잠시 눈물을 흘리고는 그립다고 말하네 · · · · 65
33. 우리의 삶 속에 이별이 얼마나 많은가 · · · · · 67
34. 봄이 올 것을 기약하네 · · · · · · · · · · · 69
35. 즐거운 분위기가 봄과 같네 · · · · · · · · · · 71
36. 이러한 정을 누가 알겠는가 · · · · · · · · · · 73
37. 서로 바라보며 술 앞에서 취함을 슬퍼하지 말게나 · 75
38. 산이 높고 물이 깊어 어디로 보내야 할는지 · · · · 77

39. 한 곡 한 곡의 노랫소리가 옥구슬을 꿴 듯하네 ··· 79
40. 남은 것은 눈에 가득한 그리움뿐이네 ······ 81
41. 그저 이렇게 부질없이 초췌해져 갈 뿐이네 ··· 83
42. 도처에서 새로움이 돋아나네 ········ 85
43. 인생에서 마시지 않으면 무엇을 하겠는가 ··· 87
44. 세월은 머물지를 않는다네 ········ 89
45. 살면서 몇 번이나 높은 관직에 오르겠는가 ···· 91
46. 누가 알겠는가? 서로 떨어져 바람 앞의 달 아래에 있을 줄을 ····················· 93
47. 날아가는 원앙에 의탁해 보네 ······· 95
48. 꿈속의 하루살이 같은 삶에 애간장이 끊어지네 ·· 97
49. 눈에 가득한 봄날의 수심을 누구에게 말해야 할까 · 99
50. 삶에서 즐거운 일 얼마나 많은가 ······· 101
51. 자홍색의 꽃이 석양에 밝게 빛나네 ······ 103
52. 제비가 들보로 돌아오기만을 헛되이 기다리네 ·· 105
53. 봄 적삼에 눈물 흘리며 마신 술은 쉽게 깨네 ··· 107
54. 햇볕 따스한 춘삼월은 꽃향기가 가득해 ···· 109
55. 천수 누리기를 축원하네 ·········· 111
56. 함께 황제가 장수하기를 기원하네 ······ 113
57. 뜰의 나무에는 차가운 매화가 남아 있네 ···· 115
58. 천수 다하기를 기원하네 ········ 117
59. 고금 이래로 꿈처럼 헛됨을 보시기를 ····· 119

60. 잠들지 못한 밤이 얼마인지 ········· 121
61. 간직했다 마음속 그 사람에게 주세요 ····· 123
62. 붉은 가지 하나에 애간장 끊어지네 ······ 125
63. 꼭 젊었던 시절과 같네 ········· 127
64. 좋은 날을 축하하고 새해를 맞이하네 ····· 129
65. 봄빛이 막 돌아오니 ··········· 131
66. 봄을 잠시 잡아 두시게 ········· 133
67. 술잔에 술을 비게 하지 마시길 ······· 135
68. 좋은 술 한잔을 누구와 함께 마실까 ····· 137
69. 눈에는 눈물이 가득해 말로는 다 할 수 없네 ··· 139
70. 월궁을 향해 천수를 기원하네 ······· 141
71. 젊음이 오래도록 변함없기를 ········ 143
72. 비파 소리 급해지고 붉고 옥 같은 팔도 따라 움직이네
    ················ 145
73. 늘 이러한 마음을 말해도 다하질 못하네 ···· 147
74. 지나가는 세월 늘 짧기만 한 것을 ······ 149
75. 마음속의 그녀를 가지 말라고 만류하네 ···· 151
76. 마음속의 근심은 끝이 없네 ········ 153
77. 향기로운 누각에서 깊이 잠든 그대를 원망하는데 · 155
78. 그저 그리워할 뿐이라네 ········· 157
79. 부귀와 장수를 기원하네 ········· 159
80. 해마다 오래도록 새롭기를 바라네 ······ 161

81. 봄바람과 함께하기를 · · · · · · · · · · · · 163
82. 그리움이 끝이 없네 · · · · · · · · · · · · · 165
83. 소나무처럼 천수 다하기를 기원하네 · · · 167
84. 끝없이 살기를 기원하네 · · · · · · · · · · 169
85. 이 아름다움을 모두 그려 내지 못해 · · · · · 171
86. 꿈속에서도 늘 날아가 버리네 · · · · · · · 173
87. 경사스러운 날에 사람들의 바람이 얼마나 많은지 · 175
88. 신선으로부터 천수를 하사받았네 · · · · · · 177
89. 아침 꽃과 저녁달을 보면서 오래도록 그리워하네 · 179
90. 어찌 지나가는 사람을 붙잡을 수 있을까 · · · · 181
91. 인생 만사가 언젠가는 끝난다는 것이라네 · · · 183
92. 누가 기녀를 불러 맛있는 술을 마시는가 · · · · 185
93. 꽃과 잎처럼 오래도록 서로 바라보기를 · · · 187
94. 마치 신선의 세계로 나아가는 것 같네 · · · · · 189
95. 연잎에 연밥이 이미 보이네 · · · · · · · · · · 191
96. 꽃술은 다 꺾여도 연 줄기는 계속 남네 · · · 193
97. 붉은 얼굴은 젊음에만 어울리나요 · · · · · · 195
98. 붉은 뺨에 그리움으로 눈물이 흐르네 · · · · · 197
99. 고개 돌려 돌아가려 하나 마음이 흔들리네 · · · 199
100. 서쪽 연못에서 밤마다 바람과 이슬을 맞는다네 · 201
101. 말 없는 모습은 오래도록 그리워하는 것이라네 · 203
102. 붉은 얼굴 어찌 옛날과 같겠는가 · · · · · · 205

103. 가을 강 언덕에 다 떨어지는 것보다 나으니 ··· 207
104. 애석하구나! 달은 밝고 이슬과 바람은 좋은데 ·· 209
105. 그 아름다움을 세상 사람들과 감상하네 ··· 211
106. 붉은 매화 눈 내린 가지 위에서 드러나네 ···· 213
107. 기쁘게 마시며 즐기네 ············ 215
108. 만수무강을 축원하네 ············ 217
109. 태평성대이니 임금의 은혜를 받들어야 하네 ·· 219
110. 사람들이 모두 부귀와 장수를 기원하네 ···· 221
111. 장수를 축원하네 ············· 223
112. 거북이 학 소나무처럼 오래오래 살며 ····· 225
113. 종남산의 신선처럼 오래 살길 기원하네 ···· 227
114. 더미 중에 이미 새로운 연꽃이 피었다네 ··· 229
115. 붉은 주렴 친 밤에 달빛만 몽롱하네 ····· 231
116. 해마다 오늘처럼 경사스럽길 기원하네 ···· 233
117. 장수를 바라며 술잔을 올린다네 ······· 235
118. 옥술잔 앞에서 깊이 취한들 어떠하리 ···· 237
119. 세상에 이런 꽃은 없다네 ··········· 239
120. 가을꽃 중에 최고는 황금빛 규화 ······ 241
121. 사람들은 모두가 노란 규화가 단아하다고 말하지만
············ 243
122. 사람 사이의 정은 오래 견뎌야 하지만 ···· 245
123. 다투어 젊음이 오래기를 바라네 ········ 247

124. 이대로 잠들지 못해도 좋으리 ········249
125. 지는 꽃을 어찌하랴 ············251
126. 사람의 마음을 천 갈래로 끌어당기네 ····253
127. 남은 것은 차가운 술과 식은 음식뿐이니 허무한 마음을 애써 감추네················255
128. 두 사람 서로 그리워만 하겠지 ·······257
129. 서리 맞은 연꽃 한 송이 가을 색이 더해 가는데 ·259
130. 섬돌 가 붉은 연꽃에············261
131. 곳곳의 버들과 꽃향기 소매에 가득하네 ···263
132. 눈앞에 선명한 꽃향기 아쉽기만 하네 ····265
133. 약속대로 숲속에 앉아 석양을 바라보네 ···267
134. 이러한 좋은 만남이 오래기를 바란다네 ···269
135. 신선처럼 오래 살길 바라네········271
136. 그대와 만난 것이 가장 마음 아픈 일이 되었네 ·273
137. 어찌 사람들은 늘 이별해야 하는지 ·····275
138. 해마다 오늘 같기를 바라네········277
139. 영원히 자유롭게 도를 받들기를 바라네 ···279
140. 오직 그리움만은 끝이 없네········281

해설 ·····················283
지은이에 대해 ···············288
옮긴이에 대해 ···············291

주옥사

1. 밝은 달은 고통스러운 이별의 원망을 알지 못하고

    난간 옆의 국화는 수심에 차 있고 안개에 싸인 난초에는 눈물 흘리듯 이슬이 맺혀 있는데,
    비단 장막으로는 가벼운 한기가 스며들고,
    제비는 쌍쌍이 날아가네.
    밝은 달은 고통스러운 이별의 원망을 알지 못하고,
    새벽이 되자 달빛이 비스듬히 붉은 문에 이르네.

    어젯밤 가을바람에 푸른 잎 떨어지니,
    홀로 높은 누대에 올라,
    하늘 끝까지 바라보네.
    고운 편지 부치고 싶지만,
    산길은 멀고 물길은 넓어 그대 있는 곳이 어디인 줄 알겠는가?

蝶戀花

檻菊愁煙蘭泣露, 羅幕輕寒, 燕子雙飛去. 明月不諳[1]離恨苦,

---

1) 불암(不諳) : 알지 못함을 의미한다.

斜光到曉穿朱戶.
昨夜西風凋碧樹, 獨上高樓, 望盡天涯路. 欲寄彩箋2)兼尺素3),
山長水闊知何處.

작품 해설

　소식이 없는 연인에 대한 애타는 기다림을 묘사했다. 화자는 규방에서 바라본 가을의 정경을 그리고 있는데 국화와 난초에 감정을 이입해 자신의 슬픔을 배가하고 있다. 특히 하편에서는 헤어져 있는 연인과의 거리가 아득함을 강조했다.

---

2) 채전(彩箋) : 채색 편지.
3) 척소(尺素) : 서신을 의미한다. 옛날에 흰색 견사 한 척(尺)을 서신에 사용한 것에서 비롯했다.

2. 좋은 꿈속의 그대를 찾을 길이 없다네

여섯 굽이 난간이 푸른 나무에 기대어 있고,
버드나무에 가벼운 바람 부니,
황금 실이 가득 늘어지네.
누가 있어 아름다운 쟁을 연주할까?
주렴 밖으로 제비가 쌍쌍이 날아가네.

눈앞 가득 버들개지와 버들 솜이 노닐고,
붉은 살구꽃 피는 때,
청명의 곡우가 한바탕 쏟아지네.
단잠에서 깨어나니 꾀꼬리 소리가 들려오는데,
좋은 꿈속의 그대를 찾을 길이 없다네.

蝶戀花
六曲闌干偎4)碧樹, 楊柳風輕, 展盡黃金縷5). 誰把鈿箏6)移玉

---

4) 외(偎) : 기대다.
5) 황금루(黃金縷) : 부드럽게 늘어진 버들개지.
6) 전쟁(鈿箏) : 화려하게 나전으로 장식한 쟁.

柱, 穿廉海燕雙飛去.
滿眼游絲兼落絮, 紅杏開時, 一霎淸明雨. 濃睡覺來鶯亂語, 驚殘好夢無尋處.

작품 해설

　아름다운 봄날에 꿈속에서 연인을 그리워하고 있다. 상편에서는 봄날의 정경을 묘사하며 연인이 부재한 상태를 노래했고, 하편에서는 꿈에서 깬 뒤 더 이상 연인을 만날 수 없는 화자의 애타는 심정을 부각했다.

3. 돌이켜 보니 지금은 반도 남아 있지 않네

　연못의 물은 푸르고 바람은 가벼이 따뜻하니,
　아름다운 그대를 만났을 때가 기억나네.
　상편과 하편이 같은 노래를 부르자 그 소리가 옥 소리 같고,
　입파(入破)에 이르니 춤추는 허리에 붉은 치마가 어지러이 감긴다네.

　주렴이 걸린 난간 아래의 향기로운 섬돌 가에서,
　술에 취해 해가 지는 것도 몰랐네.
　그때 나와 함께 꽃구경했던 이,
　돌이켜 보니 지금은 반도 남아 있지 않네.

木蘭花
池塘水綠風微暖, 記得玉眞7)初見面. 重頭8)歌韻響琤琮, 入破9)

---

7) 옥진(玉眞) : 미녀.
8) 중두(重頭) : 사(辭)에서 상편・하편의 성운이 완전히 같은 것을 말한다.

舞腰紅亂旋.
玉鉤闌下香階畔, 醉後不知斜日晚. 當時共我賞花人, 點檢如今無一半.

작품 해설

　연못가에서 지난날 함께 꽃구경하던 이들을 회상하고 있다. 상편에서는 연회에서의 노래와 춤에 대해 묘사했고, 하편에서는 즐거웠던 그때를 떠올려 보지만 지금은 그들과 함께하지 못하는 애석한 심정을 토로했다.

---

9) 입파(入破): 당대(唐代)의 대곡(大曲) 중 클라이맥스 부분으로 각종 악곡과 함께 불렀다.

4. 삶은 일장춘몽과 같으니 길어야 얼마나 길겠는가

제비와 기러기가 떠나고 나면 꾀꼬리가 돌아오고,
자세히 따져 보니 부질없는 인생이 천만 가지로 얽혀 있네.
삶은 일장춘몽과 같으니 길어야 얼마나 길겠는가?
가을날의 구름처럼 흩어지면 찾을 길이 없다네.

탁문군(卓文君)과 강비(江妃) 같은 신선의 배필,
비단옷이 찢기도록 만류해도 머물게 할 수 없네.
그대에게 홀로 술 깨지 마시기를 권하노니,
꽃 가운데서 흠뻑 취해야만 하리.

木蘭花
燕鴻過後鶯歸去, 細算浮生千萬緒. 長於春夢幾多時,[10] 散似秋雲無覓處.
聞琴解佩[11]神仙侶, 挽斷羅衣留不住. 勸君莫作獨醒人, 爛醉

---

10) 장어춘몽기다시(長於春夢幾多時) : 삶이 춘몽처럼 짧음을 의미한다.

花間應有數.

작품 해설

   한바탕 춘몽처럼 짧은 삶에서의 고난을 술로 이겨 낼 것을 권하고 있다. 상편에서는 가을의 구름처럼 흩어지면 찾을 길 없는 삶의 짧음을 노래했고, 하편에서는 이러한 허무함을 달래기 위해서는 취해야만 함을 강조했다.

11) 문금해패(聞琴解佩) : 탁문군(卓文君)이 사마상여(司馬相如)의 금(琴) 소리를 듣고 사마상여와 야반도주한 이야기와 강비(江妃)가 패옥을 풀어 정교보(鄭交甫)에게 준 이야기. 탁문군은 서한(西漢) 시기 탁왕손(卓王孫)의 딸로 그의 집에서 연회가 벌어졌을 때 사마상여가 초대를 받았다. 이때 탁문군이 음률을 좋아한다는 것을 알고 사마상여가 금(琴)으로 봉구황곡(鳳求凰曲)을 연주하자, 탁문군이 그에게 반해 두 사람은 야반도주했다. 또 주(周)나라의 정교보가 초(楚) 지방의 소상강(瀟湘江) 가에서 전설 속의 신녀(神女)인 강비를 만났는데, 강비가 지니고 있던 패옥을 풀어 정표로 주었다.

5. 오직 그리움만은 끝이 없네

정자 옆길의 푸른 버들과 향기로운 풀,
젊은 시절은 사람을 저버리고 쉽사리 떠나가네.
누각 끝에 들려오는 오경12)의 종소리에 잠은 오지 않고,
꽃 아래에서 이별의 슬픔은 삼월의 비처럼 젖어 드네.

무정함은 다정함처럼 고통스럽지 않아,
작은 마음은 천만 갈래로 나뉜다네.
하늘과 땅은 언젠가 끝나지만,
오직 그리움만은 끝이 없네.

木蘭花

綠楊芳草長亭13)路, 年少拋人容易去. 樓頭殘夢五更鐘, 花底離愁三月雨14).

---

12) 오경(五更) : 새벽 3~5시 사이의 시간.
13) 장정(長亭) : 역사(驛舍)의 거리가 10리(里)인 정자.
14) 삼월우(三月雨) : 앞 절의 오경종(五更鐘)과 함께 누군가를 그리워하는 시기임을 의미하는 표현이다.

無情不似多情苦, 一寸還成千萬縷. 天涯地角有窮時, 只有相思無盡處.

작품 해설

　봄날 새벽의 사무치는 그리움을 묘사했다. 상편에서는 쉬이 젊음이 가는 것이 아쉬워 새벽까지 잠들지 못하는 화자의 모습을 그리고 있고, 하편에서는 그러한 화자의 심리에 남아 있는 깊은 그리움을 고백하고 있다.

6. 석양은 서쪽으로 지는데 언제쯤 돌아오시려나

한잔 술을 마시며 곡에 맞춰 새로운 가사를 부르고,
지난해와 같은 날 같은 누대에 있네.
석양은 서쪽으로 지는데 언제쯤 돌아오시려나?

꽃은 하릴없이 떨어지고,
마치 예전에 알았던 것 같은 제비는 돌아오네.
작은 정원의 향기로운 길을 홀로 배회하네.

浣溪沙
一曲新詞15)酒一盃, 去年天氣舊亭臺. 夕陽西下幾時迴.
無可奈何花落去, 似曾相識燕歸來. 小園香徑16)獨徘徊.

15) 일곡신사(一曲新詞) : 곡에 맞추어 가사를 새롭게 써넣었음을 말한다.
16) 소원향경(小園香徑) : 작은 정원의 꽃향기 가득한 길을 가리킨다.

작품 해설

 떠난 후 돌아오지 않는 연인을 애타게 기다리고 있다. 상편에서는 지난해 함께했던 연인과 헤어진 지금의 암울한 현실을 노래했고, 하편에서는 꽃이 떨어지는 길을 홀로 방황하고 있는 쓸쓸한 화자의 모습을 묘사했다.

7. 늘 이별로 인해 쉽사리 마음 상하네

삶은 한 줄기 빛과 같아,
늘 이별로 인해 쉽사리 마음 상하네.
술 마시고 노래하는데 잇달아 거절하지 마시길.

눈 안에 산과 강이 들어오자 공연히 옛일 생각나는데,
비바람에 떨어진 꽃으로 봄이 지나가는 것을 더욱 아파하네.
눈앞에 있는 이를 가련히 여기는 것이 나을 듯하네.

浣溪沙
一向年光有限身, 等閒17)離別易銷魂18). 酒筵歌席莫辭頻19).
滿目山河空念遠, 落花風雨更傷春. 不如憐取眼前人.

---

17) 등한(等閒) : 항상.
18) 소혼(銷魂) : 극도로 상심해 넋이 나갔음을 말한다.
19) 막사빈(莫辭頻) : '빈(頻)'은 '빈번하다', 즉 여러 번을 뜻하므로 이 구절은 잇달아 여러 번 거절하지 말라는 의미다.

작품 해설

한 줄기 빛처럼 지나가는 봄날을 바라보고 있는 화자의 애상을 서술했다. 상편에서는 삶이 짧기에 맘껏 마시고 즐길 것을 강조했고, 하편에서는 봄이 쉽게 지나기에 곁에 있는 이를 소중히 여길 것을 역설했다.

8. 평생의 뜻을 다 적어 놓았네

붉은 편지지에 작은 글씨로,
평생의 뜻을 다 적어 놓았네.
기러기는 구름 속을 날고 물고기는 물속에서 헤엄치는데,
이 마음을 의지할 곳 없어 근심하네.

석양 속에 홀로 서쪽 누각에 기대어,
주렴을 걸고 먼 산을 마주하네.
그대가 어느 곳에 있는지 알지 못하고,
푸른 물결만이 여전히 동쪽으로 흐르네.

清平樂
紅箋[20]小字, 說盡平生意. 鴻雁[21]在雲魚在水, 惆悵此情難寄.

20) 홍전(紅箋) : 편폭이 좁은 붉은색 편지지로 주로 연애편지를 쓸 때 사용한다.
21) 홍안(鴻雁) : 기러기는 소식을 전하는 새로 서신의 대명사다.

斜陽獨倚西樓, 遙山恰對簾鉤22). 人面不知何處, 綠波依舊東流.

작품 해설

   자신의 진심을 서신에 담아 이별한 연인이 돌아오길 기다리며 노래한 작품이다. 주변의 경물에 의탁해 화자의 쓸쓸한 마음을 잘 묘사했다. 특히 상편의 '구름 속 기러기'와 '물속 물고기'를 통해 의지할 데 없는 화자의 모습을 부각해, 화자의 간절한 심정을 강조하고 있다.

---

22) 염구(簾鉤) : 주렴을 거는 갈고리를 말한다.

9. 가을바람이 소슬히 불어

가을바람이 소슬히 불어,
오동잎이 하나하나 떨어지네.
푸른 술을 마시자 사람이 곧 취해,
창가에서 베개 하나 베고 깊이 잠이 드네.

자줏빛 장미와 붉은빛 무궁화는 시들었고,
지는 해가 난간에 드리웠네.
한 쌍의 제비가 돌아가려는 때,
은빛 병풍에 어젯밤 한기가 서렸다네.

淸平樂
金風[23]細細, 葉葉梧桐墜. 綠酒初嘗人易醉, 一枕小窓濃睡.
紫薇朱槿[24]花殘, 斜陽卻照闌干. 雙燕欲歸時節, 銀屛昨夜
微寒.

23) 금풍(金風) : 가을바람을 말한다.
24) 자미주근(紫薇朱槿) : 자미(紫薇)는 자주색 장미로 여름에 피어 100일 후, 가을에 진다. 주근(朱槿)은 여름과 가을 사이에 피는 붉은색 무궁화로 아침에 폈다가 저녁에 진다.

작품 해설

    쓸쓸한 가을날의 정회를 노래하고 있다. 특히 상편에서의 '술에 취해 잠든 모습'과 하편에서의 '해 질 녘 돌아가는 제비 한 쌍의 모습'을 대비해, 깊어 가는 가을 속에서 느끼는 화자의 고독감을 강조했다.

10. 그대는 천만 가지로 얽힌 시름을 견디며

그대는 천만 가지로 얽힌 시름을 견디며,
좋은 시절을 다 보냈네.
그대는 봄이 다 가기도 전에 깊은 시름에 잠겼고,
더욱 어지러이 버들 솜이 눈처럼 날리네.

정자는 송별하는 곳,
오래도록 그리워하다 취중에 버들가지를 꺾었네.
해마다 돌아오는 좋은 시절이지만,
어찌 좋기만 하리! 누군가는 이별하네.

望漢月

千縷萬條堪結, 佔斷好風良月. 謝娘25)春晚先多愁, 更撩亂, 絮飛如雪.
短亭26)相送處, 長憶得, 醉中攀折27). 年年歲歲好時節, 怎奈尙,

25) 사낭(謝娘) : 사랑하는 연인을 일컫는 말이다.
26) 단정(短亭) : 5리(里)마다 마련되어 있는 역사(驛舍)다.
27) 반절(攀折) : 버드나무를 꺾는 것으로 여기서는 이별을 상징한다.

有人離別.

작품 해설

　연인과 이별한 슬픔을 노래했다. 상편에서는 헤어진 연인의 입장에서 그 시름을 표현했다. 특히 하편에서는 늘 이별을 마주하는 연인들을 묘사했는데, 이를 통해 화자는 자신의 상황을 위로하고 있다.

11. 엄화 계곡 곁에 채색한 배를 세우니

엄화 계곡 곁에 채색한 배를 세우니,
그 물결이 항아가 새로운 문양으로 수를 놓은 듯하네.
차가운 바람 소리가 들려,
사방을 근심스레 바라보니,
떨어진 붉은 꽃이 한 잎 한 잎 물결 따라 흐르고 있네.

아름다운 여인은 푸른 망토를 두르고,
바람은 소매로 불어오고 고개 숙여 바라보네.
비단잉어는 분명 서로 의지하고 있어,
가을 물 위에,
때때로 푸른 줄기가 가벼이 흔들리네.

漁家傲
罨畫溪28)邊停彩舫, 仙娥29)繡被呈新樣. 颯颯風聲來一餉, 愁

---

28) 엄화계(罨畫溪) : 서계(西溪)라고도 부르며, 지금의 중국 저장성(浙江省)에 있다.
29) 선아(仙娥) : 중국 신화 전설 속의 항아(姮娥)를 가리킨다.

四望, 殘紅片片隨波浪.
瓊臉麗人靑步障30), 風牽一袖低相向. 應有錦鱗閒倚傍, 秋水上, 時時綠柄輕搖揚.

작품 해설

 계곡 가에 배를 세우고 바라본 물결과 바람의 움직임을 묘사하고 있다. 먼저 상편을 통해 물 위의 정경을 서술했고, 이후에 하편에서 물 아래에 있는 비단잉어의 모습을 포착해 서술했다.

---

30) 보장(步障) : 바람과 먼지를 막는 데 사용하는 망토와 같은 의류를 말한다.

12. 수천만 번 그리워 되돌아보네

화려한 누각은 가로로 잠겨 있고,
한식과 청명절이 지나 봄이 다하려 하네.
창 사이로 비추는 비스듬한 달빛에 미간은 수심이 가득하고,
주렴 밖으로 꽃이 떨어지니 두 눈에서 눈물이 흐르네.

아침의 구름처럼 모였다 흩어지니 정말로 어찌해야 하는지!
백 년 동안 서로 볼 날 얼마나 되겠는가?
이별 후에는 정에 이끌리지 말자고 했는데,
수천만 번 그리워 되돌아보네.

木蘭花

玉樓朱閣31)橫金鎖32), 寒食淸明春欲破33). 窗間斜月兩眉愁,

---

31) 옥루주각(玉樓朱閣) : 화려한 누각을 말한다.
32) 횡금쇄(橫金鎖) : 금빛 자물쇠가 가로로 잠겨 있는 것으로 사람들의 왕래가 없음을 의미한다.

簾外落花雙淚墮.
朝雲聚散眞無那34), 百歲相看能幾個. 別來將爲35)不牽情, 萬轉千迴思想過.

작품 해설

    이별 후, 연인에 대한 끝없는 그리움을 노래했다. 상편에서는 봄날이 다 가도록 만나지 못하는 연인에 대한 미련을 토로하고 있고, 하편에서는 쉽게 만났다 헤어지는 만남에 대한 아쉬움을 묘사하고 있다.

---

33) 춘욕파(春欲破) : 봄이 다하려 함을 말한다.
34) 무나(無那) : 어찌할 수 없음을 의미한다.
35) 장위(將爲) : 말하려 하다.

13. 작은 길에는 붉은 꽃이 드물어지고

작은 길에는 붉은 꽃이 드물어지고,
들판에는 풀이 우거져 있는데,
높은 누대에 무성한 나무는 밝은 듯 어두운 듯하네.
봄바람은 버들꽃이 떨어지는 것 막지 못하고,
어지러이 날려 지나가는 이의 얼굴에 떨어지네.

푸른 잎 사이에 꾀꼬리가 숨어 있고,
붉은 주렴 밖에 제비가 있는데,
향로의 향은 조용히 아지랑이처럼 피어오르네.
한바탕의 근심스러운 꿈이 술과 함께 깨어나니,
석양이 마침 깊고 깊은 뜰을 비추네.

踏莎行

小徑紅稀36), 芳郊綠遍, 高臺樹色陰陰見37). 春風不解禁楊花, 濛濛38)亂撲行人面.

36) 홍희(紅稀) : 꽃이 떨어져 적어짐을 의미한다.
37) 음음현(陰陰見) : 밝은 곳과 어두운 곳이 보이는 것을 말한다.

翠葉藏鶯, 朱簾隔燕, 爐香靜逐游絲轉39). 一場愁夢酒醒時, 斜陽卻照深深院.

작품 해설

  늦은 봄날의 풍경을 노래하고 있는데, 상편에서는 외부의 풍경을 묘사했고 하편에서는 실내의 풍경을 묘사했다.

---

38) 몽몽(濛濛) : 버들꽃이 흩날리는 것을 가리킨다.
39) 유사전(游絲轉) : 연기가 아지랑이처럼 피어오름을 말한다.

14. 하늘 끝 땅끝까지 그를 찾는 내 그리움만이 남았다네

전별연에서 이별가를 부르며,
정자에서 이별하니,
꽃향기 가득한 먼지가 가렸는데도 오히려 떠나는 이가 계속해서 뒤돌아보네.
보내는 이의 말이 숲을 통해 울부짖고,
떠나는 이의 배는 노 저어 물길 따라 저 멀리 떠나가네.

화려한 누각에서 마음이 부서져,
높은 누각에 올라 끝까지 바라보는데,
석양 아래 끝없이 펼쳐진 강의 물결만이 보이네.
세상에는 끝없는 이별의 슬픔뿐이고,
하늘 끝 땅끝까지 그를 찾는 내 그리움만이 남았다네.

踏莎行
祖席40)離歌, 長亭別宴, 香塵41)已隔猶回面. 居人匹馬映林嘶,

---

40) 조석(祖席) : 원래의 의미는 출정할 때 조상에게 제사를 지내는 것

行人去棹依波轉.
畫閣魂消, 高樓目斷, 斜陽只送平波遠. 無窮無盡是離愁, 天涯地角尋思42)遍.

작품 해설

　이별의 감정을 노래한 작품이다. 상편은 이별의 장면에 대해서 묘사하고 있고, 하편은 이별 후의 그리움에 대해서 묘사하고 있다. 보내는 이와 떠나는 이의 입장에서 각각 묘사하고 있는 것이 특징이다.

이었기 때문에 조석(祖席)이라고 표현했다. 그러나 이후에는 이별 때의 전별연을 가리키게 되었다.
41) 향진(香塵) : 땅에 꽃잎에 많이 떨어져 있어 먼지가 날릴 때 향기가 나는 것을 말한다.
42) 심사(尋思) : 끝없이 그리워하는 것을 말한다.

15. 그때 쉽게 그대와 이별했으니

푸른 바다에는 파도가 없지만,
신선의 누대에는 길이 있어,
그리움이 간절하면 함께 짝지어 날아갈 수 있었다네.
그때 쉽게 그대와 이별했으니,
산이 높고 물이 깊어 그 어딘지를 알겠는가?

그대 머물던 아름다운 자리에는 먼지가 쌓이고,
향기로운 규방에는 안개가 자욱하니,
붉은 편지지에 작게 쓴 글자들은 누구를 통해 부쳐야 할까?
높은 누대에 올라 끝까지 바라보니 황혼이 지려 하는데,
오동잎 위로 쓸쓸히 비가 내리네.

踏莎行

碧海無波,43) 瑤台有路,44) 思量便合雙飛去. 當時輕別意中人,

---

43) 벽해무파(碧海無波) : 신선이 사는 바다로 이곳에는 파도, 즉 장애가 없음을 말한다.

山長水遠知何處.
綺席凝塵, 香閨掩霧, 紅箋小字憑誰附. 高樓目盡欲黃昏, 梧桐葉上蕭蕭45)雨.

작품 해설

 쉽게 연인을 보내고 후회하는 마음을 노래하고 있다. 이별한 후에 연인과 만날 길 없는 화자의 아득한 심정에 대해 묘사하고 있는데, 하편에서 그려진 정성껏 쓴 편지조차 전할 길 없는 막막한 상황을 통해 화자의 원망을 강조했다.

---

44) 요태유로(瑤台有路) : 신선이 사는 선경으로 언제나 통하는 길이 있음을 말한다.
45) 소소(蕭蕭) : 쓸쓸한 모양을 말한다.

16. 이 밤 술에 취함을 사양하지 말기를

가을날의 이슬이,
목란 위로 가득 떨어지는 것이 붉은 눈물과 같네.
지난날의 즐거운 일 많은 의미가 있으니,
떠올리자 꿈만 같네.

사람의 얼굴은 세월 앞에서 늙어 가는데,
풍월은 여전히 다른 것이 없네.
귀한 손님 술잔에는 계화꽃이 떠 있으니
이 밤 술에 취함을 사양하지 말기를.

謁金門
秋露墜, 滴盡楚蘭[46]紅淚. 往事舊歡何限[47]意, 思量如夢寐.
人貌老於前歲, 風月宛然無異. 座有嘉賓尊有桂[48], 莫辭終夕[49]醉.

46) 초란(楚蘭) : 목란꽃을 말한다.
47) 하한(何限) : 무한함을 의미한다.
48) 존유계(尊有桂) : 술잔에 계화꽃이 있음을 가리킨다.

작품 해설

    가을밤 지난 일을 회상하며 술을 마시는 정경을 묘사하고 있다. 상편에서는 목란 위에 떨어진 가을 이슬을 붉은 눈물에 비유하며 지난날에 대해 추억했고, 하편에서는 빠르게 흐르는 세월 속에서 술 마시고 취함을 사양하지 말 것을 권면했다.

---

49) 종석(終夕) : 온밤.

17. 어찌 다 세세히 전할 수 있을까

신선 세계의 복숭아는 쉽게 익고,
인간 세상의 달은 오래도록 둥글다네.
오직 금비녀와 향 상자를 나누어 가진 연인만 있어,
이별해 늘 만나기 어렵다네.
이러한 마음은 하늘에 물어봐야 할 것이네.

납촉은 날이 밝을 때까지 눈물 흘리고,
향로는 종일 연기를 피워 올리네.
처량하고 시름겨운 마음 점점이 차올라,
공연히 진쟁의 현을 빌려 말하네.
어찌 다 세세히 전할 수 있을까?

破陣子

海上蟠桃50)易熟, 人間好月長圓. 惟有擘釵51)分鈿52)侶, 離別

---

50) 반도(蟠桃) : 3000년마다 한 번씩 열매가 열린다는 신선 세계의 복숭아.

51) 벽채(擘釵) : 금비녀를 말하는데 남녀가 이별할 때 둘로 나누어 가

常多會面難. 此情須問天.
蠟燭到明垂淚, 熏爐盡日生煙. 一點凄涼愁絶意, 謾53)道秦箏54)有剩弦. 何曾爲細傳.

작품 해설

　　인간 세상에 일어나는 이별의 시름을 노래했다. 상편에서는 인간 세상에 늘 있는 이별에 대해 서술하고 있고, 하편에서는 납촉의 눈물과 향로의 연기를 통해 끝없이 이어지는 화자의 시름을 진쟁에도 담아낼 수 없음에 대해 묘사하고 있다.

졌다.
52) 분전(分鈿) : 향을 담는 상자를 말하는데 남녀가 이별할 때 뚜껑과 몸체를 나누어 가졌다.
53) 만(謾) : 공연히.
54) 진쟁(秦箏) : 진나라의 현악기.

18. 이렇게 흘러갈 뿐이네

호수 위에 서풍이 해 질 녘 불어오니,
붉은 연꽃이 다 떨어지네.
금빛 국화 가득 펴 꽃술이 하나하나 드러나고,
제비가 둥지를 떠나 가벼이 날아가는구나.
해마다 이러하네.

술잔에 새로 빚은 술이 익고,
높은음의 노래 몇 곡은 들을 만하네.
술잔 앞에서 함께 취하지 못함이 아쉬운데,
물처럼 흐르는 세월을 어찌할 수 없네.
이렇게 흘러갈 뿐이네.

破陣子
湖上西風斜日, 荷花落盡紅英55). 金菊滿叢珠顆56)細, 海燕辭巢翅羽輕. 年年歲歲情.

55) 홍영(紅英) : 붉은 꽃.
56) 주과(珠顆) : 꽃술.

美酒一杯新熟57), 高歌數闋堪聽. 不向尊前同一醉, 可奈光陰似水聲. 迢迢58)去未停.

작품 해설

　흐르는 세월의 무상함을 표현했다. 상편에서는 붉은 연꽃의 낙화와 둥지를 떠나는 제비의 모습을 통해 쓸쓸한 가을의 정경을 묘사하고 있고, 하편에서는 가는 세월을 아쉬워하며 홀로 술을 마시는 화자의 모습을 그리고 있다.

---

57) 신숙(新熟) : 새로 빚어 익은 술.
58) 초초(迢迢) : 길게 이어진 모양.

19. 이 마음 천 겹 만 겹

제비 돌아오려는 때,
높은 누대에 어젯밤 서풍이 불었네.
인간 세상에는 만남이 있어,
잔을 들어 국화 더미 옆에서 술을 마시네.
노랫소리 퍼지니 미인의 얼굴도 붉어지네.

석양이 주렴과 장막을 뚫고,
옅은 서늘함이 오동나무까지 들어오네.
가슴속의 정을 말로는 다 못하고,
보내는 노래 속에 써낸다네.
이 마음 천 겹 만 겹.

破陣子
燕子欲歸時節, 高樓昨夜西風. 求得人間成小會, 試把金尊傍菊叢. 歌長粉面紅.
斜日更59)穿簾幕, 微涼漸入梧桐. 多少襟懷60)言不盡, 寫向蠻

---

59) 경(更) : 마침.

箋61)曲調中. 此情千萬重.

작품 해설

  세상에서 일어나는 만남과 이별에 대해 노래했다. 상편에서는 가을날 국화주를 함께 마시는 즐거운 만남에 대해 묘사하고 있고, 하편에서는 사람들과 나누는 깊은 인심에 대해 서술하고 있다.

---

60) 금회(襟懷) : 정회.
61) 만전(蠻箋) : 사천(四川) 지방에서 생산한 채색 편지지.

20. 지난해의 오늘을 떠올리니

지난해의 오늘을 떠올리니,
국화꽃이 이미 동쪽 울타리에 가득했네.
일찍이 그대와 작은 바구니 옆에서,
함께 꽃을 꺾어 술잔을 가득 채웠네.
귓가에 긴 꽃가지를 꽂고서.

사람의 얼굴은 세월을 쫓아가지 못하니,
아름답고 향기로운 꽃 더미 다시 보네.
거듭 술잔을 잡고 옛날 그 길 찾으니,
세월이 쏜살같이 가 버림이 아쉽네.
가을바람과 이슬 찬 이때에.

破陣子
憶得去年今日, 黃花已滿東籬. 曾與玉人臨小檻62), 共折香英63)泛酒卮64). 長條插鬢垂65).

62) 소함(小檻) : 가지로 엮은 함.
63) 향영(香英) : 향기로운 꽃.

人貌不應遷換, 珍叢66)又睹芳菲. 重把一尊尋舊徑, 所惜光陰去似飛. 風飄露冷時.

작품 해설

    흐르는 세월 속에서 지난날을 떠올리고 있다. 상편에서는 국화주를 함께 마셨던 즐거움을 묘사했고, 하편에서는 다시 핀 꽃의 여전한 아름다움과 늙어 버린 사람의 얼굴의 대비를 통해 흐르는 세월에 대한 아쉬운 심정을 노래했다.

---

64) 주치(酒巵) : 술잔.
65) 빈수(鬢垂) : 귓가.
66) 진총(珍叢) : 아름다운 꽃 더미.

21. 해는 길고 버들 솜은 가볍게 날리는 때

제비가 돌아오는 때는 마침 봄 제사이고,
배꽃이 떨어지는 때는 또 청명이라네.
연못에는 푸른 이끼 서너 점이 푸르름을 더하고,
나뭇잎 아래의 꾀꼬리 소리가 한두 번 들려오네.
해는 길고 버들 솜은 가볍게 날리는 때.

예쁘게 웃는 동쪽 마을 여인,
뽕나무 길에서 우연히 만났네.
어젯밤 꿈이 춘몽인가를 의심했는데
알고 보니 오늘 아침 두초에서 이기려는 것이었네.
웃음이 얼굴에 가득 피어나네.

破陣子
燕子來時新社67), 梨花落後淸明. 池上碧苔三四點, 葉底黃鸝一兩聲. 日長飛絮輕.

67) 신사(新社) : 고대 중국에서 입춘 이후 청명 이전에 토지신께 지내던 제사.

巧笑68)東鄰女伴, 采桑徑裡逢迎. 疑怪昨宵春夢好, 元是69)今朝鬥草70)贏. 笑從雙臉生.

작품 해설

　봄날 여인들의 유희 장면을 묘사하고 있다. 상편에서 '돌아오는 제비' '떨어지는 배꽃' '연못의 푸른 이끼' '꾀꼬리 소리' '날리는 버들 솜' 등을 통해 경쾌한 봄날의 정경을 노래했는데, 하편의 단오절에 두초 놀이를 하는 마을 여인들의 모습을 통해 유쾌한 봄날의 흥취를 더욱 부각했다.

68) 교소(巧笑) : 소녀의 아름다운 미소를 말한다.

69) 원시(元是) : 원래.

70) 두초(鬥草) : 고대 민간에서 유행하던 단오절의 유희로, 기이한 약초를 찾아내는 내기다.

22. 모란꽃 요염한 모습은 천금의 가치라네

삼월의 온화한 바람이 상림에 가득하고,
모란꽃 요염한 모습은 천금의 가치라네.
봄날이 다시 어두워지는 것을 두려워하네.

나를 위해 돌아본 그대의 붉은 얼굴,
누구를 향해 이내 마음 기탁할까?
그리움이 있어 술잔을 계속 채워야 하리.

浣溪沙
三月和風滿上林71), 牡丹妖艷直72)千金. 惱人天氣又春陰.
爲我轉回紅臉面, 向誰分付紫檀73)心. 有情須殢74)酒杯深.

71) 상림(上林) : 한대(漢代)의 상림원(上林苑)으로, 여기서는 송대(宋代)의 궁정 원림을 말한다.
72) 직(直) : 가치.
73) 자단(紫檀) : 귀한 향나무 이름으로 중국 광저우와 윈난, 인도 등지에서 자란다.
74) 체(殢) : 빠져 있다. 탐닉하다.

작품 해설

  모란꽃을 의인화해서 묘사하고 있는 애정사다. 상편에서는 모란처럼 화자에게 다가온 여인에게서 느끼는 애정을 노래하고 있고, 하편에서는 그에 대한 그리움을 술로 달래는 모습을 그리고 있다.

23. 누구를 위해 초췌해지고 얼굴빛을 잃어 가는지

푸른 살구 열린 정원에 술 익으니 짙은 향이 배어나고,
미인이 얇은 저고리와 치마를 입기 시작하네.
버들개지 하늘거리고 제비는 바쁘게 날아다니네.

비 내리다 맑아졌다 하니 꽃은 절로 지고,
한가로이 수심에 차 있는데 해는 길기만 하네.
누구를 위해 초췌해지고 얼굴빛을 잃어 가는지.

浣溪沙

青杏園林煮酒香, 佳人初著薄羅裳. 柳絲搖曳燕飛忙.
乍75)雨乍晴花自落, 閒愁閒悶晝偏76)長. 爲誰消瘦損容光.

작품 해설

  고즈넉한 봄날의 그리움을 노래하고 있다. 상편에서는

---

75) 사(乍) : 갑자기.
76) 편(偏) : 매우.

미인의 모습을 '하늘거리는 버들개지'와 '바쁘게 나는 제비'에 비유했고, 하편에서는 여인에 대한 그리움으로 초췌해 가는 화자의 실망감을 표현했다.

24. 작은 병풍 펴고 수놓은 주렴은 내려야겠네

밤새 옥술잔에 짓눌렸다가 비로소 술에서 깨어나니,
침향이 서늘히 저고리에 배어 있네.
아침 매화 일찌감치 볕 드는 쪽으로 피었다네.

차가운 눈이 쓸쓸히 흩어진 후,
봄바람이 서서히 밀려오는 때라네.
작은 병풍 펴고 수놓은 주렴은 내려야겠네.

浣溪沙
宿酒才醒厭玉卮77), 水沉香78)冷懶熏衣. 早梅先綻日邊枝.
寒雪寂寥初散後, 春風悠揚79)欲來時. 小屛開放畫簾垂.

77) 옥치(玉卮) : 옥술잔.
78) 수침향(水沉香) : 침향목(沈香木)으로 만든 향을 말한다. 침향목을 물에 넣으면 가라앉기 때문에 수침향이라고도 부른다.
79) 유양(悠揚) : 날리는 모양.

작품 해설

    밤새 술 마신 후에 봄을 맞이하는 감회를 노래했다. 상편에서는 봄밤을 새우고 마신 술에서 깬 화자의 모습과 정경을 묘사하고 있고, 하편에서는 겨울의 한기가 사라진 봄날 아침을 맞이하는 화자의 모습과 소감을 그리고 있다.

25. 푸른 잎과 붉은 꽃은 새벽안개 속에서 아름다운데

푸른 잎과 붉은 꽃은 새벽안개 속에서 아름다운데,
노란 벌은 금빛 꽃술 속에 있고 연꽃 봉오리는 피어나려 하네.
물보라 이는 강가에 배는 더디게 돌아오네.

애석하게도 기이한 향은 구슬발 밖에서 나니,
옥술잔 앞에 맑은 노랫소리 사양하지 마시게나.
파견 나온 관리 황궁으로 돌아가 알현하네.

浣溪沙
綠葉紅花媚曉煙, 黃蜂金蕊欲披蓮80). 水風深處懶回船.
可惜異香珠箔外, 不辭清唱玉尊前. 使星81)歸覲九重天82).

---

80) 피련(披蓮) : 연꽃 봉오리가 곧 피려고 하는 모습.

81) 사성(使星) : 왕명을 받고 지방으로 파견된 관리.

82) 구중천(九重天) : 하늘을 아홉 개의 방위로 나누어 이르는 말로 여기서는 황궁을 가리킨다.

작품 해설

    파견 나온 관리와의 새벽 연회에서 본 풍경을 묘사하고 있다. 특히 상편에서 화자가 새벽의 안개 속에서 목도한 '푸른 잎과 붉은 꽃' '금빛 꽃술 속에 있는 벌' '연꽃 봉우리' '더디게 돌아오는 배' 등은 모두 작품에 청량감을 배가한다.

26. 잠시 머물던 이 말을 타고 돌아가자고 연회 자리를 재촉하네

호수에 서풍이 불자 저녁 매미 소리 급해지고,
밤이 되니 맑은 이슬이 붉은 연꽃을 적시네.
잠시 머물던 이 말을 타고 돌아가자고 연회 자리를 재촉하네.

이별을 위함이니 금술잔을 사양하지 않고,
아침의 조회에서는 옥향로로 나아가야 하네.
언제 다시 만날지를 알 수 없다네.

浣溪沙
湖上西風急暮蟬, 夜來淸露濕紅蓮. 少留83)歸騎促歌筵84).
爲別莫辭金盞酒, 入朝須85)近玉爐86)煙. 不知重會是何年.

83) 소류(少留) : 잠시 머물다 떠나는 사람.
84) 가연(歌筵) : 가무를 곁들인 연회.
85) 수(須) : 해야만 하다.
86) 옥로(玉爐) : 옥향로이지만 여기서는 황제 앞에 나아감을 의미한다.

작품 해설

    아침 조회에 나아가는 관리와 헤어지며 느끼는 아쉬운 심정을 노래하고 있다. 상편에서는 조회에 나가야 하는 관리와 함께 서둘러 연회를 벌이는 모습을 묘사했고, 하편에서는 앞으로의 만남을 기약할 수 없음에 대한 서운함을 술로 달래는 모습을 묘사했다.

27. 가는 비와 안개 머금은 버들잎이 우리의 마음을 이어 주네

짙푸른 버드나무 아래 채색 깃발 펄럭이고,
연꽃 향 속에서 금술잔을 권한다네.
악기 소리에 맞춰 짧은 노래 흘러나온다네.

술에 취하기만 하면 이별의 원망을 충분히 노래할 수 있으니,
아침저녁으로 돌아갈 길 재촉할 필요 없네.
가는 비와 안개 머금은 버들잎이 우리의 마음을 이어 주네.

浣溪沙
楊柳陰中駐彩旌87), 芰荷香里勸金觥88). 小詞流入管弦聲.
只有醉吟寬別恨, 不須朝暮促歸程. 雨條菸葉係89)人情.

87) 채정(彩旌) : 마차에 다는 채색 깃발.
88) 금굉(金觥) : 금술잔.
89) 계(係) : 이어지다.

작품 해설

    이별의 아쉬움을 술로 달래는 화자의 모습을 표현하고 있다. 상편에서는 버드나무가 녹음을 이룬 봄날에 악기를 연주하는 연회에서 서로 술잔을 주고받는 장면을 묘사했고, 하편에서는 술에 취한 후 헤어지는 서운함을 한껏 노래하겠다는 의지를 묘사했다. 특히 마지막 구절의 '두 사람의 마음을 이어 주는 버들잎'을 통해 이별의 안타까움을 애써 진정하려는 화자의 내심을 강조하고 있다.

28. 저녁녘 화장한 얼굴이 연꽃보다 아름답네

옥그릇에 차가운 얼음을 두니 물방울이 이슬처럼 맺히는데,
미인의 얼굴은 곱게 화장했고 가녀린 몸매는 얇은 망사 사이로 비치네.
저녁녘 화장한 얼굴이 연꽃보다 아름답네.

살짝 내려온 귀밑머리를 한 채로 올려다보니 눈썹이 초승달 같고,
술 마시니 홍조가 붉은 노을처럼 드러나네.
한바탕 꿈처럼 해가 서쪽으로 지고 있네.

浣溪沙
玉椀90)冰寒滴露華, 粉融香雪91)透輕紗. 晚來妝面勝荷花92).
鬢䰀93)欲迎眉際月, 酒紅初上臉邊霞. 一場春夢日西斜.

---

90) 옥완(玉椀) : 작은 옥그릇.
91) 향설(香雪) : 미인의 피부가 눈처럼 하얀 것을 말한다.
92) 승하화(勝荷花) : 연꽃보다 뛰어남을 의미한다.

작품 해설

  단장한 미인의 아름다운 모습을 노래했다. 상편에서는 정성껏 화장하고 꾸민 미인의 전체적인 용모에 대해 묘사했는데, 연꽃보다 아름다운 그의 모습을 칭찬하고 있다. 하편에서는 미인의 모습을 좀 더 세심하게 관찰했고, 해질 녘 그와 함께 술을 마시는 황홀한 감정을 표현했다.

---

93) 빈타(鬢鬌) : 귀밑머리가 흘러내린 모양.

29. 몇 번의 성긴 비가 둥근 연잎에 떨어졌을까

   작은 누각에 겹겹이 드리운 주렴 밖으로 제비가 지나가니,
   저녁의 붉은 꽃잎이 뜰 모래 위로 떨어지네.
   굽은 난간은 차가운 물결 위에 비치네.

   바람이 한차례 불어오니 푸르름이 돋아나는데,
   몇 번의 성긴 비가 둥근 연잎에 떨어졌을까?
   술에서 깬 사람들이 흩어지니 근심이 많아지네.

浣溪沙
小閣重簾有燕過, 晚花紅片落庭莎. 曲闌干影入涼波.
一霎94)好風生翠幕95), 幾回疏雨滴圓荷. 酒醒人散得愁多.

94) 일삽(一霎) : 잠시간.
95) 취막(翠幕) : 수목의 푸르름을 말한다.

작품 해설

　봄날의 근심을 토로하고 있다. 상편에서 묘사한 '주렴 밖으로 지나는 제비' '뜰 모래 위로 떨어지는 꽃잎' '차가운 물결 위에 비치는 굽은 난간' 등은 화자가 바라본 봄날의 평온한 정경이다. 그러나 하편에서 묘사된 '한차례의 바람에 성큼 다가온 푸르름'과 '몇 차례의 비에 공연히 떨어지는 연잎' 등은 화자의 막연한 수심을 자아내는 환경으로 작용하며, 마지막 구에서 불안한 화자의 심리가 강조되고 있다.

30. 이 순간 그때의 풍류를 후회하네

가을날 신선이 살던 낭원과 요대에 바람 불고 이슬 내리니,
가지런한 머리로 골똘히 생각하며 술잔을 받드네.
이별하고 돌아가려는데 만류한다네.

달빛이 좋지만 부질없이 쓸쓸히 꿈을 꾸고,
술자리가 파하니 헛되이 양미간에 근심이 드리우네.
이 순간 그때의 풍류를 후회하네.

浣溪沙
閬苑96)瑤颱97)風露秋, 整鬟凝思捧觥籌98). 欲歸臨別强遲留.
月好謾成孤枕夢, 酒闌99)空得兩眉愁. 此時情緖悔風流.

96) 낭원(閬苑) : 전설 속 곤륜산(崑崙山) 봉우리에 신선이 거했던 궁전.
97) 요대(瑤颱) : 신선이 거주했던 전설 속 장소.
98) 굉주(觥籌) : 술잔.
99) 난(闌) : 마치다.

작품 해설

 이별하는 순간에 즐겼던 지난 시간의 풍류에 대해 아쉬워하는 심정을 노래했다. 상편에서는 흔쾌히 술을 마시며 즐기다가 돌아가려는 때에 이르러 화자를 만류하는 상황을 서술하고 있다. 하편에서는 끝난 술자리를 보며 근심에 싸인 화자의 모습을 묘사했는데, 특히 마지막 구절을 통해 화자는 내심을 명백히 표출했다.

31. 작고 가벼운 배는 마음대로 떠다니네

붉은 여뀌꽃은 좁은 언덕 사이에서 향기를 자아내고,
봄날의 푸른 물결은 동쪽으로 흘러가네.
작고 가벼운 배는 마음대로 떠다니네.

어부는 술에서 깨어나 다시 노를 젓고,
원앙은 날아가다 다시 돌아보네.
한 잔 술을 다 마시니 양미간에 근심이 차오르네.

浣溪沙
紅蓼100)花香夾岸稠, 綠波春水向東流. 小船輕舫101)好追遊.
漁父酒醒重撥棹102), 鴛鴦飛去卻103)回頭. 一杯銷盡兩眉愁.

---

100) 홍료(紅蓼) : 담홍색의 초본 식물.
101) 방(舫) : 배.
102) 발도(撥棹) : 배를 젓는 노.
103) 각(卻) : 다시.

작품 해설

   봄날 고즈넉한 어촌의 모습을 묘사하고 있다. 상편의 '좁은 언덕 사이에서 향기를 자아내는 붉은 여뀌꽃' '동쪽으로 흐르는 푸른 물결' '마음대로 떠다니는 작은 배' 등을 통해 평온한 어촌의 모습을 여실히 묘사했다. 특히 하편에 그려진 어부의 모습은 그곳의 차분하고 무심한 풍경을 더욱 부각하고 있다.

32. 잠시 눈물을 흘리고는 그립다고 말하네

옅게 화장하고 얇은 저고리를 입었는데,
그 모습이 마치 하늘의 선녀와 같네.
즐거웠던 지난 일을 생각하니 미간이 찡그려지네.

한가로이 꿈속을 헤매다 홀로 어둠 속에서 초를 밝히고,
소식이 없음을 원망하다 채색 주렴을 내린다네.
잠시 눈물을 흘리고는 그립다고 말하네.

浣溪沙

淡淡梳妝薄薄衣, 天仙模樣好容儀[104]. 舊歡前事入顰眉[105].
閒役[106]夢魂孤燭暗, 恨無消息畫簾垂. 且留雙淚說相思.

---

104) 용의(容儀) : 용모.

105) 빈미(顰眉) : 미간을 찡그리다.

106) 한역(閒役) : 공연히 헤매다.

작품 해설

　소식 없는 연인을 그리워하는 미인의 모습을 그리고 있다. 상편에서는 하늘의 선녀와 같은 여인이 미간을 찡그리며 지난날을 추억하는 모습을 노래했고, 하편에서는 꿈속을 헤매어도 소식이 없음에 실망해 주렴을 내리는 미인의 모습을 노래했는데, 특히 마지막 구절을 통해 그 속내를 확실히 드러내고 있다.

33. 우리의 삶 속에 이별이 얼마나 많은가

변새의 기러기는 높이 날고,
이슬은 충만하며,
가을로 접어들자 은하가 맑네.
좋은 객을 만나서,
수심이 사라졌는데,
이러한 때가 얼마나 가겠는가?

쟁을 연주하는 이,
비단 소매가 부드럽고,
화려한 대청에서는 단판 소리가 울리네.
취할 때까지 마셔야 하니,
사양하지 말기를,
우리의 삶 속에 이별이 얼마나 많은가?

更漏子

塞鴻高, 仙露107)滿, 秋入銀河淸淺. 逢好客, 且開眉108), 盛年能

---

107) 선로(仙露) : 가을 이슬의 미칭이다.

幾時.
寶箏調, 羅袖軟, 拍碎畫堂檀板[109]. 須盡醉, 莫推辭, 人生多別離.

작품 해설

  가을날에 이별하는 심정을 노래했다. 상편에서는 '높이 나는 변방의 기러기' '충만한 이슬' '맑은 은하'를 통해 가을의 정경을 묘사하며 좋은 객을 만난 데 대한 화자의 흐뭇한 심정을 표출하고 있다. 그러나 하편에 이르자 화자는 이내 둘 사이에 다가온 이별을 감지하고 삶 속에서의 이별을 술로 달래야 함을 강조했다.

---

108) 개미(開眉) : 미간의 근심이 펴짐을 의미한다.
109) 단판(檀板) : 단목(檀木)으로 제작한 박자를 맞추는 악기.

34. 봄이 올 것을 기약하네

흰 눈에 감춰진 매화,
안개 낀 버드나무,
봄이 올 것을 기약하네.
막 기러기를 보내고,
꾀꼬리 소리가 들리려 하는데,
푸른 연못에는 물결이 이네.

탐화연이 열리자,
객들은 취하고,
지난해의 정취를 추억하네.
금술잔의 술,
옥향로의 향,
이런 것들에 의지하고 있으니 붉은 해가 길기만 하네.

更漏子

雪藏梅, 煙著柳, 依約110)上春時候. 初送雁, 欲聞鶯, 綠池波浪

---

110) 의약(依約) : 기약하다.

生.
探花開,111) 留客醉, 憶得去年情味. 金盞酒, 玉爐香, 任他紅日長.

작품 해설

　봄날에 열린 탐화연의 모습을 묘사하고 있다. 상편에서는 '봄을 기약하는 매화와 버드나무' '들려오는 꾀꼬리 소리' '물결이 이는 푸른 연못'을 통해 본격적인 봄날이 다가오고 있음을 노래했고, 하편에서는 '탐화연에서 지난해의 정취를 추억하며 술 마시는 취객' '길어진 해'를 통해 무르익어 가는 탐화연의 모습을 그렸다.

---

111) 탐화개(探花開) : 당대(唐代) 장안(長安)의 명승지였던 곡강(曲江) 행원(杏園)에서, 진사과(進士科)에 합격한 이들을 축하했던 연회, 즉 탐화연(探花宴)이 열렸음을 말한다.

35. 즐거운 분위기가 봄과 같네

국화 떨어지고,
배꽃잎 쌓이자,
좋은 시절이 지나감을 애석해하네.
새 술이 익어,
화려한 연회가 열리니,
붉은 옥잔 사양하지 말기를.

촉현은 높이 울리고,
강관 소리 맑게 흐르는데,
춤추는 기녀의 향기로운 소매가 부드럽게 흔들리네.
그대 비웃지 말기를,
모든 이들이 취하니,
즐거운 분위기가 봄과 같네.

更漏子
菊花殘, 梨葉墮, 可惜良辰虛過. 新酒熟, 綺筵開, 不辭紅玉杯.
蜀弦[112]高, 羌管[113]脆, 慢颭[114]舞娥香袂. 君莫笑, 醉鄉人,[115]
熙熙[116]長似春.

작품 해설

　연회에서 새로운 술을 마시고 취하며 즐기는 모습을 노래했다. 상편에서 화자는 떨어지는 국화와 배꽃을 보면서 자신의 좋은 시절도 그렇게 가고 있음에 대해 상심하며 연회를 벌여 새로 익은 술을 마시며 취할 것을 권하고 있다. 하편에서 화자는 연회의 가무를 즐기며 고조된 연회 분위기를 즐기고 있는데, 술에 취해 가을날을 봄날처럼 느끼는 화자의 억지가 그의 서글픈 심정을 더욱 강조한다.

112) 촉현(蜀弦) : 소리가 높은 사천(四川)의 현악기.
113) 강관(羌管) : 강족(羌族)의 피리.
114) 점(颭) : 바람에 휘날리는 모양으로 여기서는 춤추는 소매가 날리는 것을 말한다.
115) 취향인(醉鄕人) : 술에 깊이 취한 사람.
116) 희희(熙熙) : 화목하고 즐거운 모양.

36. 이러한 정을 누가 알겠는가

목근화의 향은 짙고,
여인의 눈썹 화장은 옅으며,
가을 물결은 겹겹이 일어나네.
붉은 해는 길고,
화려한 연회가 열렸는데,
어둠이 밀려오자 학을 타고 신선이 오네.

노랫소리가 높아 구름을 멈추게 하고,
소매가 눈처럼 휘날리니,
새벽의 꾀꼬리 소리와 봄날의 버들이 빛을 잃었다네.
눈을 흘기다 다시 찡그리니,
이러한 정을 누가 알겠는가?

更漏子

蕣華117)濃, 山翠淺,118) 一寸秋波如剪. 紅日永, 綺筵開, 暗隨仙

---

117) 순화(蕣華) : 목근화(木槿花)로 여름과 가을 사이에 피며, 아침에 피었다가 저녁에는 움츠린다.

馭119)來.
遏雲聲,120) 回雪袖, 佔斷121)曉鶯春柳. 才送目122), 又顰眉, 此情誰得知.

작품 해설

　가을날 연회에서 가무를 주도하는 가기(歌妓)의 아름다운 자태를 묘사하며 가기가 투척한 마음에 공감하고 있다. 상편에서는 '목근화의 짙은 향' '가기의 옅은 눈썹 화장' '붉은 석양' 등 연회가 시작되는 주변의 모습을 노래했다. 하편에서는 뛰어난 연회의 가무를 즐기다가 가기와 은연중에 마음을 나누는 화자의 흐뭇한 심정이 여실히 드러나고 있다.

118) 산취천(山翠淺) : 원산미(遠山眉)라는 눈썹 화장이 옅어진 것을 말한다.
119) 선어(仙馭) : 신선이 타는 학.
120) 알운성(遏雲聲) : 소리가 높아 구름을 멈추게 함을 의미한다.
121) 점단(佔斷) : 빛을 잃게 하는 것을 뜻한다.
122) 송목(送目) : 추파를 던지는 것으로, 눈을 흘기는 것을 말한다.

37. 서로 바라보며 술 앞에서 취함을 슬퍼하지 말게나

자부의 신선 명부는 비밀인데,
오색의 반룡이,
잠시 인간 세상에 내려왔네.
상전벽해를 모두 기억하지 못하니,
반도가 한 번 익으려면 삼천 년이 걸린다네.

이슬이 화려한 깃발에 떨어지고 구름은 소매에 휘감기니,
누가 믿겠는가? 항아리 속에,
생황의 노랫소리 있는 또 다른 세상 있다는 것을.
문밖에는 꽃이 떨어져 물을 따라 흐르니,
서로 바라보며 술 앞에서 취함을 슬퍼하지 말게나.

鵲踏枝
紫府123)群仙名籍秘, 五色斑龍124), 暫降人間世. 海變桑田都不

---

123) 자부(紫府) : 신선이 사는 곳.

記, 蟠桃125)一熟三千歲.
露滴彩旌雲繞袂, 誰信壺中, 別有笙歌地. 門外落花隨水逝, 相看莫惜尊前醉.

작품 해설

 신선의 세계와 같은 연회를 벌이며 느끼는 감정을 묘사했다. 상편에서는 현실의 연회를 선계의 연회와 같이 그리고 있으며, 이러한 표현은 하편의 전반까지 이어지다가 후반에 이르러 다시 현실로 돌아오고 있는데, 이러한 구성을 통해 서글픈 화자의 내심을 강조한다.

---

124) 반룡(斑龍) : 신선이 타는 용.

125) 반도(蟠桃) : 3000년마다 한 번씩 열매가 열린다는 신선 세계의 복숭아.

38. 산이 높고 물이 깊어 어디로 보내야 할는지

난간의 국화는 슬픈 안개에 싸여 있고 난초에는 이슬이 떨어지는데,
비단 장막에 가벼운 한기가 서리니,
제비 한 쌍이 날아가네.
밝은 달은 이별의 아픔을 이해하지 못하고,
비스듬히 새벽까지 붉은 문에 비치네.

어젯밤 서풍이 불어 푸른 나무가 시들자,
홀로 높은 누대에 올라,
하늘 끝 길을 바라보았네.
채색 편지를 보내려 해도,
산이 높고 물이 깊어 어디로 보내야 할는지?

鵲踏枝

檻菊愁煙蘭泣露, 羅幕輕寒, 燕子雙飛去. 明月不諳126)離恨苦, 斜光到曉穿朱戶127).

126) 불암(不諳) : 알지 못하다.

昨夜西風凋碧樹, 獨上高樓, 望盡天涯路. 欲寄彩箋128)兼尺素129), 山長水闊知何處.

작품 해설

　차가운 가을날의 그리움을 노래했다. 상편에 제시한 '슬픈 안개에 싸인 국화' '이슬이 떨어진 난초' '비단 장막에 서린 한기' 등은 이어서 제시된 '한 쌍의 제비' '밝은 달'과 대비를 이루며 화자의 현실을 강조하고 있다. 하편에서는 연인과 연락이 닿지 않는 화자의 안타깝고 막막한 심정을 진솔하게 토로했다.

---

127) 주호(朱戶) : 붉은 문.
128) 채전(彩箋) : 채색한 편지 봉투.
129) 척소(尺素) : 흰색 비단으로 된 편지지.

39. 한 곡 한 곡의 노랫소리가 옥구슬을 꿴 듯하네

이슬이 내리고 바람이 높이 부니,

우물가의 오동나무와 궁중의 대자리에 가을 기운이 생겨나네.

화려한 대청에서 연회를 벌이니,

한 곡 한 곡의 노랫소리가 옥구슬을 꿴 듯하네.

하늘 밖을 지나던 구름이,

향기로운 소매에 엉기려 하네.

향로에는 연기가 이는데,

애간장 끊는 소리에,

두 눈썹이 한껏 찡그려지네.

點絳唇

露下風高, 井梧宮簟生秋意. 畫堂筵啟, 一曲呈珠綴130).
天外行雲, 欲去凝香袂. 爐煙起, 斷腸聲裡, 斂盡131)雙蛾翠132).

130) 주철(珠綴) : 옥구슬을 꿰다.

131) 염진(斂盡) : 한껏 찡그리다.

작품 해설

 가을날 연회에서 노래하고 춤추는 기녀의 모습을 그리고 있다. 상편에서는 가을날 화려한 대청에 벌인 연회에서 들려오는 기녀의 옥 소리 같은 가창 실력에 대해 묘사했고, 하편에서는 하늘에 흐르던 구름이 소매에 엉기는 듯 가볍게 엇놀리는 기녀의 춤 실력에 대해 묘사했다.

---

132) 쌍아취(雙蛾翠) : 미인의 두 눈썹.

40. 남은 것은 눈에 가득한 그리움뿐이네

꽃이 머물기를 원했지만 원망스럽게 날아가 버리니,
남쪽 뜰에 마음만 여전히 남았네.
가지마다 붉고 하얀 꽃이 지는 것을 아쉬워하네.
밤새 비가 오고 또 한 더미가 날아갔네.

붉은 난간에 기대어 금술잔을 잡는다네.
꽃 더미를 마주하니 근심이 여러 날 계속될 것이라네.
옛 즐거움과 지금의 회한을 떠올리니,
마음속의 기약을 막을 길 없네.
남은 것은 눈에 가득한 그리움뿐이네.

鳳銜杯

留花不住怨花飛, 向南園、情緖依依133). 可惜倒紅斜白、一枝枝. 經宿雨、又離披134).

憑朱檻, 把金卮. 對芳叢、惆悵多時. 何況舊歡新恨、阻心

133) 의의(依依) : 아쉬워하는 모양.

134) 이피(離披) : 꽃잎이 흩날리는 모양을 말한다.

期135). 空滿眼、是相思.

작품 해설

  흩날리는 꽃을 바라보며 헤어진 연인을 그리워하고 있다. 상편에서 제시한 '원망스럽게 날아가 버린 꽃' '아쉽게 저버린 붉고 흰 꽃' '한 더미씩 꽃을 날아가게 하는 간밤의 비' 등과 같은 표현을 통해 이별한 화자의 감정을 노골적으로 언급했다. 이러한 묘사들은 화자의 근심을 배가하는 요소들로 작용하는데, 결국 하편의 후반에서 회한과 그리움에 상심한 화자의 모습으로 귀결하고 있다.

---

135) 심기(心期) : 마음속의 소망과 기대.

41. 그저 이렇게 부질없이 초췌해져 갈 뿐이네

푸른 부평초에 어젯밤 가을바람이 일자,

모든 부평초와 이슬 맞은 연꽃들이 서로를 의지했다네.

홀로 붉은 누대에 의지해 맑은 하늘 끝을 슬프게 바라보았네.

헛되이 눈이 닿는 곳까지 바라보니 먼 산은 푸른빛이었네.

채색 편지는 길고,

비단 편지지에 쓴 사연은 자세했네.

누가 믿겠는가? 우리 두 사람의 마음 다 싣기 어렵다는 것을.

좋은 시절과 즐거웠던 장소를 애석해하며,

그저 이렇게 부질없이 초췌해져 갈 뿐이네.

鳳銜杯

靑蘋昨夜秋風起, 無限個、露蓮相倚. 獨憑朱闌、愁望晴天際. 空目斷、遙山翠.

彩箋長, 錦書細. 誰信道136)、兩情難寄. 可惜良辰好景、歡娛地, 只恁137)空憔悴.

작품 해설

가을밤 헤어진 연인들의 그리움을 묘사했다. 상편에서는 지난밤 부평초에 깃든 가을바람에 부평초와 연꽃이 서로 의지하는 모습과 홀로 누대에 의지한 화자의 모습을 대비해 화자의 외로움을 부각했다. 하편에서는 끝내 만날 수 없는 실망감으로 초췌해져 가는 화자의 모습을 선명하게 그리고 있다.

136) 신도(信道) : 믿고 말하다.
137) 임(恁) : 이렇듯.

42. 도처에서 새로움이 돋아나네

버들가지와 버들꽃이 봄날을 고뇌하게 하는데,
심지어 버들 솜마저 분분히 흩날리네.
가늘고 맑은 노랫소리가 붉은 입술에서 흘러나오네.
맑은 술을 따르고는 몰래 눈물을 훔치네.

지난 일을 추억하며,
좋은 시절을 애석해하네.
잠시 가던 구름이 머문다네.
분명히 마음속의 그 사람이네.
도처에서 새로움이 돋아나네.

鳳銜杯
柳條花額138)惱靑春, 更那堪、飛絮紛紛. 一曲細絲淸脆、倚朱脣. 斟綠酒139)、掩紅巾.
追往事, 惜芳辰. 暫時間、留住行雲140). 端的141)自家心下、眼

138) 화뢰(花額): 꽃 무더기.
139) 녹주(綠酒): 맑은 술.

中人. 到處裡、覺尖新.

작품 해설

　봄날에 지난 일을 추억하며 헤어진 연인을 그리워하고 있다. 상편에서 묘사한 봄날의 버들가지, 버들꽃과 버들솜 등은 모두 지난날을 상기하게 하는 매개로, 이를 보며 고뇌하던 화자는 마침내 노래하고 술 마시며 눈물을 훔친다. 하편에서 지나다 머문 구름을 자신이 그리는 연인으로 여기는 착각을 통해 화자의 간절함을 더욱 생생히 전달하고 있다.

140) 행운(行雲) : 마음속의 연인을 비유한 것이다.
141) 단적(端的) : 분명히.

43. 인생에서 마시지 않으면 무엇을 하겠는가

가을빛이 저녁을 향하니,
작은 누각에서 막 연회가 열린다네.
숲속의 잎은 아직 다 붉게 변하지 않았는데,
비 내린 후 푸른 이끼가 뜰을 가득 메웠네.

미인이 나에게 술을 권하고,
은근히 새로운 노래를 부른다네.
저녁이 가고 아침이 오면 또 하루가 지나가리니,
인생에서 마시지 않으면 무엇을 하겠는가?

淸平樂

秋光向晚, 小閣初開讌. 林葉殷紅142)猶未遍, 雨後靑苔滿院.
蕭娘143)勸我金卮, 殷勤更唱新詞. 暮去朝來即老, 人生不飮何爲.

---

142) 임엽은홍(林葉殷紅) : 숲속의 나뭇잎이 완전히 붉어진 상태를 말한다.

143) 소낭(蕭娘) : 다정한 미인을 의미한다.

작품 해설

　가을날 연회에서의 술 마시는 즐거움을 노래했다. 상편에서는 연회가 열리는 작은 누각 주위의 경물에 대해 묘사하고 있고, 하편에서는 연회를 즐기며 흔쾌히 술 마시는 화자의 모습을 묘사했다.

44. 세월은 머물지를 않는다네

봄이 오고 가을이 가니,
지난 일이 언제인가를 알겠는가?
제비는 돌아가고 난은 이슬을 머금고 있는데,
세월은 머물지를 않는다네.

술자리가 파하고 사람들이 흩어지니 근심이 일어,
텅 빈 계단에서 홀로 오동나무에 기대었네.
지난해의 오늘을 기억하니,
예전처럼 노란 잎에 서풍이 불어오네.

淸平樂

春來秋去, 往事知何處. 燕子歸飛蘭泣露, 光景144)千留不住.
酒闌人散忡忡145), 閒階獨倚梧桐. 記得去年今日, 依前黃葉西風.

---

144) 광경(光景) : 세월.
145) 충충(忡忡) : 근심하는 모양.

작품 해설

　가을날 느끼는 세월의 무상함을 표현하고 있다. 상편에서 그린 '돌아오는 제비'와 '이슬을 머금은 난' 등은 머물지 않는 세월과 대조되며 쓸쓸한 화자의 심정을 더욱 강조했다.

45. 살면서 몇 번이나 높은 관직에 오르겠는가

봄꽃과 가을 풀은,
언제나 사람이 늙기를 재촉하네.
설령 눈썹을 정리한다고 한들,
이별의 수심 어찌 누르리오?

금술잔에 맑은 술을 부어 그대에게 권하노니,
악기 소리의 빠름을 탓하지 말게나.
토끼가 달리고 까마귀가 날듯이 세월의 빠름은 멈추게 할 수 없고,
살면서 몇 번이나 높은 관직에 오르겠는가?

淸平樂
春花秋草, 只是146)催人老. 總147)把千山眉黛掃, 未抵別愁多少.
勸君綠酒金杯, 莫嫌絲管聲催. 兎走烏飛148)不住, 人生幾度三

146) 지시(只是) : 항상.
147) 총(總) : 설령.

台149).

작품 해설

 빠르게 흐르는 세월에 대해 탄식하고 있다. 상편에서 화자는 무심한 계절의 변화에 대해 자신이 늙기를 재촉한다고 여기며 이에 대한 근심을 노래했다. 하편에서는 '달리는 토끼'와 '나는 까마귀'의 속도로 흐르는 세월과 그 속에서의 성공과 공명도 모두 부질없다고 느끼는 화자의 내심을 명확히 표현하고 있다.

---

148) 토주오비(兎走烏飛) : 세월의 흐름이 매우 빠름을 형용한다.
149) 삼태(三台) : 고위 관직.

46. 누가 알겠는가? 서로 떨어져 바람 앞의 달 아래에 있을 줄을

옅게 화장하고 긴 머리 가벼이 묶었는데,
붉은 얼굴 푸른 눈썹이 타고난 미인이네.
나누어 가진 옥과 서신으로 오랫동안 정을 나누었으니,
함께 날며 같이 머물도록 허락해 주오.

잠시 이유 없이 헤어지니,
누가 알겠는가? 서로 떨어져 바람 앞의 달 아래에 있을 줄을,
바라보는 것만으로는 충분치가 않네.
이러한 마음 끝내 어찌할 수 없어,
난현을 찾아 다시 연주하려 하네.

紅窗聽
淡薄梳妝輕結束, 天意與、150) 臉紅眉綠.151) 斷環152)書素傳情

150) 천의여(天意與) : 하늘로부터 타고난 것.
151) 검홍미록(臉紅眉綠) : 젊고 아름다운 얼굴.

久, 許雙飛同宿.
一餉153)無端154)分比目, 誰知道、風前月底, 相看未足. 此心終擬155), 覓鸞弦156)重續.

작품 해설

　다정했던 연인이 헤어진 후 서로 그리워하는 심정을 묘사했다. 화자는 상편을 통해 연인의 아름다운 모습을 그리고, 증표와 서신 등을 나누며 둘 사이의 애정이 오래기를 소망하고 있다. 그러나 하편에서는 반전되어, 이유 모를 이별로 같은 하늘 아래에서 두 사람이 떨어져 있는 상황과 그 그리움을 난현에 의탁할 수밖에 없는 현실을 노래했다.

---

152) 단환(斷環) : 남녀가 옥을 쪼개 나누어 가져 사랑의 징표로 삼았다.
153) 일향(一餉) : 짧은 시간.
154) 무단(無端) : 이유 없이.
155) 종의(終擬) : 마침내 …하려 하다.
156) 난현(鸞弦) : 금(琴) 소리가 난새 우는 소리와 비슷해 난현이라 부른다.

47. 날아가는 원앙에 의탁해 보네

향기로운 규방에서 나누었던 이별의 말을 생각하니,
서로 수천 가지의 토로하고픈 마음 가지고 있었네.
옅은 구름 가벼운 안개가 얼마나 알겠는가?
도원을 사이에 두고 함께할 곳 없음을.

꿈에서 깨어나 서로 그리워하니 날이 밝아 오려 하고,
예전처럼 은병풍 아래의 화촉이 빛나는데,
밤은 길고 해는 저무네.
이러한 날들 어찌 셀 수 있을까?
날아가는 원앙에 의탁해 보네.

紅窗聽
記得香閨臨別語, 彼此有、萬重心訴. 淡雲輕靄知多少, 隔桃源157)無處.
夢覺相思天欲曙, 依前是、158) 銀屛畫燭, 宵長歲暮. 此時何計,

---

157) 도원(桃源) : 한 쌍의 연인이 함께했던 좋은 장소를 비유한다.
158) 의전시(依前是) : 예전과 같다.

托鴛鴦飛去.

작품 해설

　사랑하는 연인들의 슬픈 이별을 노래했다. 상편에서는 연인에게 헤어질 때 토로하고 싶었던 말들을 하지 못한 것에 대한 후회의 감정을 선명히 묘사하고 있다. 하편에 이르러서는 연인이 곁에 없는 상황을 견뎌야 하는 가혹한 현실과 그 감정을 원앙에게 맡겨야 하는 기막힌 형편을 그렸다.

48. 꿈속의 하루살이 같은 삶에 애간장이 끊어지네

봄바람은 동군의 믿음을 저버리지 않고,
여러 꽃들을 두루 떨어뜨리네.
제비는 짝을 지어 쌍쌍이,
이전처럼 진흙을 머금고 살구나무 기둥에 깃들이네.

꽃 앞에서 술 한잔을 마셔야 하리,
봄빛이 가득하다네.
바쁘다 말하지 말기를,
꿈속의 하루살이 같은 삶에 애간장이 끊어지네.

采桑子

春風不負東君159)信, 遍拆群芳. 燕子雙雙, 依舊銜泥入杏梁.
須知一盞花前酒, 占得韶光160). 莫話匆忙, 夢裡浮生161)足斷腸.

159) 동군(東君) : 태양신을 말한다.
160) 소광(韶光) : 봄빛.
161) 부생(浮生) : 하루살이와 같이 떠도는 삶.

작품 해설

　봄날에 술을 마시며 짧은 삶에 대해 애석해하고 있다. 상편에서는 어김없이 순환하는 자연의 이치로 다시 맞이한 봄날의 정경을 노래했다. 하편에서 화자는 봄빛이 가득한 날 짧은 인생을 아쉬워하며 삶에 대한 미련을 술로 달래고 있다.

49. 눈에 가득한 봄날의 수심을 누구에게 말해야 할까

붉은 꽃나무가 이른 봄에 피어나니,
홀로 아름다운 때를 차지하네.
내 마음속에 기약이 있어,
술잔 들고 가지 당겨 붉은 꽃을 아쉬워하네.

까닭 없이 밤새 비바람이 불더니,
무성하던 가지가 다 떨어졌다네.
나비와 꾀꼬리 원망하고 슬퍼하니,
눈에 가득한 봄날의 수심을 누구에게 말해야 할까?

采桑子

紅英一樹春來早, 獨占芳時. 我有心期162), 把酒攀條163)惜絳
蕤164).

---

162) 심기(心期) : 마음속의 소망.

163) 반조(攀條) : 가지를 당기다.

164) 강유(絳蕤) : 붉은 꽃.

無端一夜狂風雨, 暗落繁枝. 蝶怨鶯悲, 滿眼春愁說向誰.

작품 해설

    봄을 기다리던 마음이 수심으로 바뀐 슬픔을 묘사하고 있다. 상편에서는 이른 봄에 피어 봄날을 차지한 붉은 꽃을 바라보는 화자의 심정을 노래했다. 그러나 상편의 설렘은 하편에 이르러 근심으로 급변하는데, 간밤의 비바람에 무성했던 가지는 모두 떨어지고 이에 화자의 봄날에 대한 기대는 수심으로 바뀌고 있다.

50. 삶에서 즐거운 일 얼마나 많은가

앵두가 떨어지고 배꽃이 피니,
붉고 흰 꽃들이 서로 다투어 피네.
제비가 돌아오자,
여기저기서 주렴이 흔들리고 수놓은 창이 열리네.

삶에서 즐거운 일 얼마나 많은가?
금술잔에 술을 따르네.
악기 소리는 애달프게,
춤추는 기녀의 휘감기는 소맷자락을 천천히 이끈다네.

采桑子

櫻桃謝了梨花發, 紅白相催165). 燕子歸來, 幾處風簾繡戶開.
人生樂事知多少, 且酌金杯. 管咽弦哀,166) 慢引蕭娘舞袖回.

---

165) 상최(相催) : 꽃이 서로 다투어 피는 모습을 말한다.
166) 관연현애(管咽弦哀) : 관악기와 현악기의 소리가 슬프고 애달픈 것.

작품 해설

    봄날의 시작과 이를 즐기는 모습에 대해 노래했다. 상편에서는 '앵두의 낙화와 배꽃의 개화' 그리고 '만개하는 붉고 흰 꽃들'을 통해 화려한 봄날의 광경을 묘사하고 있다. 이 외에도 '돌아온 제비' 등을 통해 계절의 활력을 제시한다. 이어서 하편에서는 이러한 봄을 배경으로 술 마시고 가무를 즐기는 화자의 만족스러운 감정과 편안한 모습을 묘사했다.

51. 자홍색의 꽃이 석양에 밝게 빛나네

옛 비단 저고리에 금바늘로 수놓으니,
그 모양 아름다운 꽃과 같네.
옥섬돌과 붉은 난간,
자홍색의 꽃이 석양에 밝게 빛나네.

미인은 채색한 누각에서 다시 화장을 끝내고,
꽃 덤불을 마주하고 섰네.
예쁜 꽃을 따서는,
양미간에 붙이니 푸른 비녀를 꽂은 것과 같네.

采桑子

古羅衣上金針樣, 繡出芳姸167). 玉砌朱闌, 紫艶紅英照日鮮.
佳人畫閣新妝了168), 對立叢邊. 試摘嬋娟169), 貼向眉心學170)

167) 방연(芳姸) : 아름다운 꽃.
168) 요(了) : 마치다.
169) 선연(嬋娟) : 예쁜 꽃.
170) 학(學) : 똑같다.

翠鈿171).

작품 해설

　봄날에 봄꽃과 아름다움을 겨루는 미인의 모습을 묘사하고 있다. 상편에서는 섬돌과 난간에서 빛나는 자홍색의 봄꽃을 노래했고, 하편에서는 단장을 마친 후 꽃과 마주하며 그 아름다움을 다투는 미인의 모습을 노래했다.

---

171) 취전(翠鈿) : 비취 비녀를 꽂은 머리 장식을 말한다.

52. 제비가 들보로 돌아오기만을 헛되이 기다리네

숲 사이에서 쌍을 이루고 있는 잎들을 따며,
그리운 마음을 기탁하네.
붉은 무궁화가 필 때인데,
여전히 산석류화 한두 가지가 피어 있네.

연꽃의 금빛 연밥이 터지려 하니,
붉은 연꽃잎은 반만 남아 있네.
밤에 가랑비가 내리자,
제비가 들보로 돌아오기만을 헛되이 기다리네.

采桑子

林間摘遍雙雙葉, 寄與相思. 朱槿開時, 尙有山榴172)一兩枝.
荷花欲綻173)金蓮子, 半落紅衣.174) 晚雨微微, 待得空梁宿

---

172) 산류(山榴) : 산석류화.

173) 욕탄(欲綻) : 터지려고 하다.

174) 반락홍의(半落紅衣) : 연밥에 붉은 연꽃잎이 반만 달려 있음을

燕歸.

작품 해설

 늦여름의 풍경과 연인에 대한 그리운 마음을 노래하고 있다. 전편에서 '붉은 무궁화' '한두 가지 피어 있는 산석류화' '터지려는 연꽃의 연밥' '반만 남은 연꽃잎' 등을 통해서 지는 여름의 모습을 묘사했다. 이러한 객관적 관찰은 하편의 후반에서 '밤에 내리는 가랑비'로 인해 연인을 기다리는 화자의 간절함으로 바뀐다.

말한다.

53. 봄 적삼에 눈물 흘리며 마신 술은 쉽게 깨네

세월은 단지 사람이 늙기만을 재촉하니,
믿지 못할 다정함,
이별의 한은 오래도록 계속되니,
봄 적삼에 눈물 흘리며 마신 술은 쉽게 깨네.

어젯밤 오동나무에 가을바람 세차게 불고,
달빛은 흐렸네.
좋은 꿈은 늘 깨거늘,
높은 누대 어딘가에서 기러기 소리 들려오네.

采桑子

時光只解催人老, 不信多情, 長恨離亭175), 淚滴春衫酒易醒.
梧桐昨夜西風急, 淡月朧明.176) 好夢頻驚, 何處高樓雁一聲.

---

175) 이정(離亭) : 옛사람들이 이별했던 정자.
176) 담월농명(淡月朧明) : 달빛이 흐림을 말한다.

작품 해설

    고통스러운 이별의 원망과 근심을 묘사했다. 상편에서는 쉽게 흘러 다시 오지 않는 세월 속에서의 이별을 노래하고 있다. 또한 그 원망의 누적은 끝내 화자의 눈물로 이어지고, 마침내 그 종착지는 하편에서 묘사된 꿈에서조차 맘껏 볼 수 없는 수심이다.

54. 햇볕 따스한 춘삼월은 꽃향기가 가득해

햇볕 따스한 춘삼월은 꽃향기가 가득해,
온화한 풍경이네.
나비와 벌은 노닐며,
온갖 꽃 속으로 들어가네.

누가 저 하늘가의 해를 걸어 놓았는지,
봄바람이 가득하네.
저 붉은 꽃들을 어찌하면 떨어지지 않게 할 수 있을지,
잎 하나는 서쪽으로 잎 하나는 동쪽으로 날아가네.

采桑子
陽和二月芳菲遍, 暖景溶溶177). 戱蝶遊蜂, 深入千花粉艷中.
何人解系178)天邊日, 佔取春風. 免使繁紅179), 一片西飛一片東.

---

177) 용용(溶溶) : 봄빛이 넘실거리는 모양.

178) 계(系) : 걸다.

179) 번홍(繁紅) : 붉은 꽃들.

작품 해설

　봄날의 온화한 광경을 노래했다. 상편에서는 '따스한 햇살' '가득한 꽃향기' '꽃 속에서 노니는 나비와 벌' 등을 통해 완연하고 온화한 봄날의 정경을 묘사하고 있다. 하편에서도 봄볕과 봄바람을 통해 상편의 묘사를 이어 가고 있는데, 하편의 후반에서는 봄꽃이 지는 것에 대한 화자의 아쉬움과 날리는 꽃잎의 움직이는 모습을 서술하고 있다.

55. 천수 누리기를 축원하네

바람은 난초 향을 전해 오고,
이슬은 연꽃이 피기를 재촉하는데,
꾀꼬리 소리가 여전히 들려오네.
요명초는 둥글어지는 달을 따르고
신선의 수레는 연꽃과 난초 위로 내려오네.

장막을 걷고,
청악을 연주하니,
사해의 사람들이 함께 즐긴다네.
모든 관리들의 마음이 황제 곁에 있어,
천수 누리기를 축원하네.

喜遷鶯

風轉蕙, 露催蓮, 鶯語尙綿蠻180). 堯蓂181)隨月欲團圓, 眞馭182)

180) 면만(綿蠻) : 새가 지저귀는 소리를 형용한다.
181) 요명(堯蓂) : 요(堯)임금의 뜰에 나는 상서로운 풀로 명협(蓂莢)을 가리키는데, 초하루부터 매일 한 잎씩 나서 자라다가 보름이 지난 16

降荷蘭183).
褰184)油幕, 調淸樂185), 四海一家同樂. 千官心在玉爐香, 聖壽祝天長.

작품 해설

 황제의 장수를 기원하는 축수가다. 상편은 연회가 벌어지는 장소에 대한 묘사로 화려한 공간의 모습을 여실히 표현하고 있다. 하편에서는 연회가 본격적으로 시작해 이를 즐기는 분위기와 황제가 장수하기를 바라는 화자의 소망을 노래했다.

일부터는 매일 한 잎씩 져서 그믐에는 다 떨어지기 때문에, 이것으로 날을 계산해 달력으로 삼았다는 고사가 전한다.
182) 진어(眞馭) : 신선의 가마로, 여기서는 황제의 가마를 말한다.
183) 하란(荷蘭) : 연꽃과 난초.
184) 건(褰) : 걷다.
185) 청악(淸樂) : 고대 전통 음악인 청상악(淸商樂)을 말한다.

56. 함께 황제가 장수하기를 기원하네

눈살을 찌푸린 채 노래하고,
바람을 휘감으며 춤을 추는데,
봄볕이 연회 자리로 스며드네.
화려한 모습의 사람들이 갈라져 나뉘어 서 있고,
쪽을 찐 머리 위로 옥장식이 하늘하늘 흔들리네.

금향로는 따뜻하고,
용향은 멀리까지 날아가니,
함께 황제가 장수하기를 기원하네.
곡이 끝나도 화려한 비단옷 벗지 말기를,
채색 구름만이 남아 함께 짝을 이루네.

喜遷鶯

歌斂黛, 舞縈風, 遲日186)象筵中. 分行珠翠簇繁紅, 雲髻裊瓏瑽187).

186) 지일(遲日) : 봄볕.
187) 농총(瓏瑽) : 옥이 부딪치는 소리.

金爐暖, 龍香188)遠, 共祝堯齡萬萬189). 曲終休解畫羅衣, 留伴彩雲飛.

작품 해설

 춤추는 가기의 모습을 표현하며 황제의 장수를 기원하고 있다. 상편에서는 봄날의 연회에서 춤을 추는 가기의 자태와 동작, 그리고 연회에 참석한 이들의 화려한 모습을 묘사했고, 하편에서는 '따듯한 금향로' '멀리까지 퍼지는 용향' 등을 통해 고급스러운 연회의 환경과 연회를 빌려 황제의 장수를 바라는 화자의 소망을 노래했다.

---

188) 용향(龍香) : 용뇌수(龍腦樹)에서 얻은 향.
189) 요령만만(堯齡萬萬) : 황제를 축수하는 상투적인 표현.

57. 뜰의 나무에는 차가운 매화가 남아 있네

화촉에 불꽃이 피어나니,
향이 타고 남은 초를 감싸는데,
한밤중에 마신 술에서 막 깨어나네.
화려한 누각에 마지막 두세 차례 물시계 소리가 다해 가고,
창밖의 달빛은 흐릿하네.

새벽녘 주렴 드리우자,
까치가 놀라 날아가고,
좋은 꿈은 어디로 갔는지 모르겠네.
남쪽 정원의 봄빛은 이미 돌아왔지만,
뜰의 나무에는 차가운 매화가 남아 있네.

喜遷鶯

燭飄花, 香掩爐190), 中夜酒初醒. 畫樓殘點191)兩三聲, 窗外月

---

190) 엄신(掩爐) : 타고 남은 것을 감싸다.
191) 잔점(殘點) : 드물어지는 물시계 소리.

朧明.
曉簾垂, 驚鵲去, 好夢不知何處. 南園春色已歸來, 庭樹有寒梅.

작품 해설

   봄날 새벽의 풍경을 노래했다. 상편에서는 간밤에 마신 술에서 깬 화자의 모습을 묘사했는데 '화려한 누각에 다해 가는 물시계 소리'와 '창밖의 흐린 달빛'은 화자가 내부에서 듣고 본 새벽의 정경이다. 하편은 내부에서 외부로 바라본 화자의 관찰로, '놀란 까치' '정원의 봄빛' '뜰에 남은 차가운 매화' 등이 봄날 새벽에 청신함을 더하는 경물로 제시되고 있다.

58. 천수 다하기를 기원하네

해 뜰 무렵 은하가 낮게 걸렸고,
지는 달빛 옅은데,
주렴 밖에는 이른 추위가 찾아왔네.
옥루에서 붉은 현에 기탁해 맑은 노래 부르니,
여음이 성긴 연기처럼 하늘하늘 피어오르네.

옅은 노을 같은 얼굴,
겹친 푸른 눈썹,
춤을 추자 머리 장식이 흔들리네.
사람들은 향을 피워,
천수 다하기를 기원하네.

喜遷鶯

曙河低192), 斜月淡, 簾外早涼天. 玉樓淸唱倚朱弦, 餘韻入疏煙.
臉霞193)輕, 眉翠重, 欲舞釵鈿搖動. 人人如意祝爐香, 爲壽

---

192) 하저(河低) : 은하가 낮게 걸리다.

百千長.

작품 해설

   춤추는 가기의 모습을 묘사하며 아울러 장수를 기원하고 있다. 상편에서는 '해 뜰 무렵 낮게 걸린 은하' '지고 있는 옅은 달빛' '차가운 바깥 공기' '연기처럼 피어오르는 노랫소리' 등을 통해서 밤새워 이어지고 있는 연회의 환경을 서술했다. 하편에 이르러 전반에서는 춤을 추는 가기의 표정과 머리 장식을 묘사했고, 후반에서는 자신의 삶이 오래기를 바라는 소망을 노래했다.

---

193) 검하(臉霞) : 붉은 연지 바른 얼굴을 말한다.

59. 고금 이래로 꿈처럼 헛됨을 보시기를

꽃이 다하지 않았는데,
버들빛 푸르니,
응당 나의 심정과 같네.
큰 술잔을 저어 남김없이 비웠지만,
어느 곳에서도 만날 수 없네.

붉은 현의 소리 사그라들었는데,
마음 나눌 이 적고,
하늘에 만약 정이 있다면 마땅히 늙는 것을.
그대에게 권하노니 세상의 명리가,
고금 이래로 꿈처럼 헛됨을 보시기를.

喜遷鶯

花不盡, 柳無窮, 應與我情同. 觥船194)一棹百分空, 何處不相逢.
朱弦悄, 知音少, 天若有情應老. 勸君看取利名場195), 今古夢

---

194) 굉선(觥船) : 용량이 큰 술잔.

茫茫196).

작품 해설

　술을 마시며 세상 명리의 허무함을 노래하고 있다. 상편에서는 '다하지 않은 꽃에 앞서 푸른 버들빛'을 통해 빠르게 흘러만 가는 야속한 세월을 묘사했다. 하편에서는 마음을 같이할 지인이 없는 데에서 오는 쓸쓸함과 세상에서 얻는 명성과 이득이 부질없음을 노래했다.

195) 이명장(利名場) : 명리를 추구하는 세상.
196) 망망(茫茫) : 헛된 모양.

60. 잠들지 못한 밤이 얼마인지

소식 전할 수 없는 천 리 간에 이별하니,
이 한스러운 마음을 부치기가 어렵다네.
푸른 비단 창에 가을 달이 비치고,
오동잎에 밤비 떨어지니,
잠들지 못한 밤이 얼마인지?

높은 누대에 올라 멀리 바라보니,
하늘은 드넓고 구름은 어두워,
단지 초췌해져 갈 뿐이네.
난당에 붉은 초 밝혔던 일을 떠올리니,
마음은 깊고 불꽃은 짧아,
사람을 향해 눈물을 흘린다네.

撼庭秋

別來音信千里, 恨此情難寄. 碧紗197)秋月, 梧桐夜雨, 幾回無寐.

197) 벽사(碧紗) : 푸른빛의 망사창.

樓高目斷, 天遙雲黯, 只堪198)憔悴. 念蘭堂199)紅燭, 心長焰短, 向人垂淚.

작품 해설

가을날 연인과 헤어진 이별의 슬픔을 묘사하고 있다. 상편에서는 마음을 전하지 못해 잠들지 못하는 화자의 안타까운 현실을 읊었고, 하편에서는 누대에 올라 그리워해도 결국은 만날 길이 없어 나날이 초췌해져만 가는 화자의 모습을 서술했다.

---

198) 지감(只堪) : 단지 감당하다.
199) 난당(蘭堂) : 대청에 대한 미칭이다.

61. 간직했다 마음속 그 사람에게 주세요

중양절 지나니,
서풍이 점점 거세지고,
뜰 앞의 나뭇잎 분분히 떨어지네.
새벽에 붉은 난간 밖으로,
부용꽃이 예쁘게 피었는데,
유달리 새로운 향을 겨룬다네.

달 아래 서리 스미고,
기울어진 가지가 붉게 빛나니,
밝은 아름다움이 봄으로 돌아간 듯하네.
꽃 따서 마음대로 나누지 마시고,
간직했다 마음속 그 사람에게 주세요.

少年遊

重陽過後, 西風漸緊, 庭樹葉紛紛. 朱闌向曉, 芙蓉妖艷, 特地鬪芳新.
霜前月下, 斜紅淡蕊, 明媚欲回春. 莫將瓊萼200)等閒201)分, 留贈意中人.

작품 해설

  가을의 아름다운 경치에 대해 노래했다. 상편에서는 '서풍에 분분히 떨어지는 낙엽' '예쁜 부용꽃의 신선한 향기' 등을 통해서 중양절이 지난 주변의 경물에 대해 묘사하고 있다. 하편에서도 '달빛 아래의 서리' '붉게 빛나는 가지'를 제시하며 경물의 묘사를 이어 가다가 후반에 이르러서는 간직한 가을꽃을 선사할 연인을 기다리는 화자의 속내를 표현하고 있다.

---

200) 경악(瓊萼) : 고대 여성의 머리 장식이지만 여기서는 꽃을 지칭한다.

201) 등한(等閒) : 마음대로.

62. 붉은 가지 하나에 애간장 끊어지네

서리 품은 꽃이 나무에 가득하고,
난초는 시들었는데,
부용꽃에 가을의 아름다움이 모두 깃들었네.
연지 바른 부드러운 얼굴에,
그려진 금빛의 꽃술,
여전히 스스로 서풍을 원망하네.

지난날 즐거운 일,
노래 부르며 술 마시던 것,
마음속에 끝없이 떠오르네.
다시 붉은 난간에 기대어 아름다운 얼굴을 떠올리니,
붉은 가지 하나에 애간장 끊어지네.

少年遊
霜花滿樹, 蘭凋蕙慘, 秋艷入芙蓉. 胭脂嫩[202]臉, 金黃輕蕊,[203]

202) 눈(嫩) : 부드럽다.
203) 금황경예(金黃輕蕊) : 양미간 사이에 그리는 금빛 꽃술 모양의 도

猶自怨西風.
前歡往事, 當歌對酒, 無限到心中. 更憑朱檻憶芳容, 腸斷一枝紅.

작품 해설

 기녀와 지냈던 옛일을 추억하고 있다. 상편에서는 가을날의 부용꽃을 바라보며 이전에 함께한 기녀의 얼굴을 떠올리는 화자의 모습을 그렸고, 하편에서는 지난날을 추억하며 그에 대한 그리움이 절정에 이르자 난간에 기대어 그 얼굴만을 상기하고 있는 화자의 애절함을 묘사했다.

안을 말한다.

63. 꼭 젊었던 시절과 같네

부용꽃이 핀 작년의 가지,
제비 한 쌍 돌아오려 하네.
난당에 부드러운 바람 불어오고,
금빛 향로는 따스한데,
새로운 곡조 들려오니 휘장을 걷네.

봄날 온 가족의 장수를 기원하며,
그 깊은 뜻을 옥잔에 가득 채우네.
젊고 아름다운 얼굴,
도가의 화장 끝내니,
꼭 젊었던 시절과 같네.

少年遊
芙蓉花發去年枝, 雙燕欲歸飛. 蘭堂風軟, 金爐香暖, 新曲動簾帷.
家人拜上千春壽204), 深意滿瓊卮. 綠鬢朱顏, 道家裝束,205) 長

---

204) 천춘수(千春壽) : 장수.

似206)少年時.

작품 해설

　좋은 시절을 보낸 나이 든 기녀의 모습을 묘사했다. 상편에서는 봄날의 고즈넉한 정경을 서술했다. 하편에서는 술자리에서 가족의 장수를 기원하기 위해 화장을 마친 화자가 그 모습이 자신의 한창때 모습과 같음을 회상하고 있다.

205) 도가장속(道家裝束) : 당송(唐宋) 때에 유행했던 도가의 담박한 화장법을 말한다.
206) 장사(長似) : 꼭 …와 같다.

64. 좋은 날을 축하하고 새해를 맞이하네

사가의 뜰 앞은 새벽녘 깨끗하고,
성대한 연회에서 좋은 날을 축원하네.
풍류 있는 기묘한 춤을 추고,
앵두 같은 입술로 맑은 노래를 부르니,
지나가는 구름을 멈추게 하네.

향이 짙은 석류주 한 잔으로,
장수를 기원하네.
해마다,
함께 즐거워하며,
좋은 날을 축하하고 새해를 맞이하네.

少年遊

謝家207)庭檻曉無塵, 芳宴祝良辰. 風流妙舞, 櫻桃淸唱, 依約駐行雲208).

---

207) 사가(謝家) : 진대(晉代) 사안(謝安)의 집안으로, 여기서는 작가의 집안을 가리킨다.

榴花一盞濃香滿, 爲壽百千春. 歲歲年年, 共歡同樂, 嘉慶與時新209).

작품 해설

    생일을 축하하는 연회의 모습을 묘사하고 있다. 상편에서는 '새벽녘의 깨끗한 뜰' '기묘한 춤과 맑은 노래' 등을 통해 성대한 연회가 열리는 공간의 모습을 노래했다. 하편에서는 해마다 생일을 축하하는 연회를 열고 장수를 기원하는 화자의 부유한 형편과 유쾌한 심정을 그리고 있다.

---

208) 주행운(駐行雲) : 지나가는 구름을 멈춘다는 뜻으로 춤과 노래가 뛰어남을 말한다.
209) 시신(時新) : 새로운 한 해.

65. 봄빛이 막 돌아오니

봄빛이 막 돌아오니,
여기저기의 모든 나무에서 붉은 꽃이 피어나네.
꾀꼬리와 나비가 다투어 날아가,
향기로운 가지를 선회하네.

그대에게 권하노니 비단옷 아끼지 마시게.
꽃 감상하며 힘써 술 마셔야 하는 것은,
내일 아침이면 꽃이 다 떨어져,
좋은 때 놓칠 것이기 때문이네.

酒泉子

春色初來, 遍拆紅芳千萬樹. 流鶯粉蝶鬪翻飛, 戀香枝.210)
勸君莫惜縷金衣211). 把酒看花須强飮, 明朝後日漸離披212), 惜

---

210) 연향지(戀香枝) : 향기로운 가지를 사랑한다는 의미로 여기서는 가지 주변을 선회하는 것을 말한다.
211) 누금의(縷金衣) : 화려한 비단옷으로 두추낭(杜秋娘)의 금루의(金縷衣)를 가리킨다. 두추낭은 중당 시기 이기(李錡)의 시첩으로 〈금루의〉라는 시를 지었다. 그 내용은 다음과 같다. "그대에게 권하노니 비

芳時.

작품 해설

    후회 없이 봄날을 즐길 것을 권면한 노래다. 상편에서는 '피어나는 붉은 꽃' '다투어 나는 꾀꼬리와 나비' 등을 통해 돌아온 봄날의 생명력을 묘사했다. 이어서 하편에서는 좋은 봄날이 가기 전에 근사하게 차려입고 술 마시며 꽃을 감상해야 한다고 부추기고 있다.

단옷 아끼지 마시게/ 그대에게 권하노니 젊은 시절 아끼시게/ 꽃이 피면 응당 꺾어야지/ 꽃 떨어진 후 빈 가지 꺾지 마시게(勸君莫惜金縷衣 勸君惜取少年時 花開堪折直須折 莫待無花空折枝)."

212) 이피(離披) : 떨어져 흩어지다.

66. 봄을 잠시 잡아 두시게

삼월의 따뜻한 바람,
피었던 꽃들이 우수수 떨어지네.
그해의 꽃 무더기에서 잇달아 떨어지네.
사람을 너무나 근심스럽게 하네.

장안의 출세한 사람 얼마인가?
만약 향긋한 계화꽃 술이 한 잔 있다면,
꽃 아래 무성한 풀들과 취하는 것을 사양하지 말고,
봄을 잠시 잡아 두시게.

酒泉子
三月暖風, 開卻好花無限了. 當年叢下落紛紛. 最愁人.
長安多少利名身. 若有一杯香桂酒213), 莫辭花下醉芳茵214), 且留春.

213) 계주(桂酒) : 계화(桂花)로 빚은 술을 말한다.
214) 방인(芳茵) : 무성한 풀.

작품 해설

    상춘(賞春)을 권면하고 있다. 상편에서는 따듯한 바람 속에 피었던 봄꽃들이 이미 지고 있는 것에 대한 화자의 안타까운 심정을 노래했고, 하편에서는 삶의 출세를 누리는 것보다 봄꽃·봄풀들과 한잔 술에 취해야 함을 피력했다.

67. 술잔에 술을 비게 하지 마시길

간밤에 동풍이 불어 정원을 휘돌아 가고,
햇살이 조금 더 길어졌네.
날리는 버들잎처럼 춤추는 미인들,
몰래 해당화 꺾어 얼굴을 단장하네.

구름 속의 기러기는 무정히 떠나갔는데,
들보 위의 제비들은 마음을 품고 돌아왔네.
무정하든 마음이 있든 이제는 그만 논하고
술잔에 술을 비게 하지 마시길.

木蘭花

東風昨夜回梁苑215), 日腳216)依稀添一線217). 旋開楊柳綠蛾眉,

---

215) 양원(梁苑) : 한대(漢代)에 양효왕(梁孝王) 유무(劉武)가 만든 정원으로 빈객을 초대할 때 사용했다. 후에 귀족의 정원을 이르는 말로 쓰인다.
216) 일각(日腳) : 태양이 구름을 뚫고 나온 빛으로, 햇살을 이른다.
217) 첨일선(添一線) : 동지 후에 낮이 조금씩 길어지는 것을 말한다.

暗拆海棠紅粉面.
無情一去雲中雁, 有意歸來樑上燕. 有情無意且休論, 莫向酒杯容易散.

작품 해설

　봄을 맞이해 술을 마시는 모습을 묘사했다. 상편에서는 점점 해가 길어지는 봄날에 해당화를 꺾어 단장하는 여인들의 모습을 노래하고 있다. 하편의 전반에서는 봄이 되자 기러기는 돌아가고 제비는 돌아오는 자연의 순환에 대해 묘사했고, 후반에서는 봄날을 맞이해 그저 술을 마셔야 함을 강조했다.

68. 좋은 술 한잔을 누구와 함께 마실까

금빛 봉황 장식을 수놓은 주렴 장막을 걷어 올리니,
지난밤 마셨던 술에서 깨었는데도 여전히 몽롱하네.
해당화가 핀 후에도 새벽에는 가벼운 한기가 남아 있고,
버들 솜 날리는 때 봄잠은 깊어지네.

좋은 술 한잔을 누구와 함께 마실까?
지난날 즐거웠던 시절이 떠오르네.
눈앞에 있는 사람을 아끼는 것만 못하니,
마음을 지치게 하지 말고 꿈속에서나 노시기를.

木蘭花

簾旌218)浪捲金泥鳳219), 宿醉醒來長曹忪220). 海棠開後曉寒輕, 柳絮飛時春睡重.
美酒一杯誰與共, 往事舊歡時節動. 不如憐取眼前人, 免更勞

---

218) 염정(簾旌) : 주렴과 장막.

219) 금니봉(金泥鳳) : 주렴 위에 수놓은 금색의 봉황 장식을 말한다.

220) 몽종(曹忪) : 맑게 깨지 않은 모양.

魂兼役夢.

작품 해설

 봄날 숙취에서 깨어난 후의 감회를 노래하고 있다. 상편은 간밤에 마신 술에서 깨어 바라본 새벽의 모습을 묘사했다. 하편에서는 잠시 지난 옛일을 추억하다 눈앞의 현실에 만족하겠다는 화자의 결심을 표현하고 있다.

69. 눈에는 눈물이 가득해 말로는 다 할 수 없네

붉은 주렴 반쯤 드리웠는데 향은 모두 타고,
이월의 동풍은 봄소식을 재촉하네.
비파를 옆에 끼고 생각을 정리하다가,
앵무새 앞이라 묻지를 못하겠네.

놀란 기러기 떠나간 후 이별의 원망이 생겨나고,
낮에 오랫동안 술기운을 더하네.
이 마음 누구 곁에 있는지를 알지 못하겠으니,
눈에는 눈물이 가득해 말로는 다 할 수 없네.

木蘭花
朱簾半下香銷印, 二月221)東風催柳信222). 琵琶旁畔且尋思, 鸚鵡前頭休223)借問.
驚鴻去後生離恨, 紅日長時添酒困224), 未知心在阿誰邊, 滿眼

---

221) 이월(二月) : 여기서는 음력 2월이다.
222) 유신(柳信) : 봄날 버드나무가 무성해지기를 기다리다.
223) 휴(休) : 부정사.

淚珠言不盡.

작품 해설

    이별의 슬픔으로 온종일 술을 마시고 있는 모습을 묘사했다. 상편에서는 이별 후 향이 다 타도록 잠들지 못한 채 초봄의 아침을 맞이하는 화자의 모습이 선명히 드러난다. 하편의 전반에 그려진 그리움으로 대낮에도 술을 마시는 화자의 모습은 극도의 슬픔에 잠긴 후반의 결말과 부합해 화자의 애타는 심정을 더욱 강조하고 있다.

---

224) 주곤(酒困) : 낮 동안 계속해서 술을 마셔 피곤한 상태를 말한다.

70. 월궁을 향해 천수를 기원하네

살구나무 기둥으로 떠났던 제비 한 쌍이 돌아오니,
응당 황촉규화가 필 때네.
화당에서는 마침 생신을 축하하고,
장수를 기원하는 옥잔을 채우네.

여러 금수향로에서 향이 타고,
주렴 밖의 미인들은 소매를 휘감으며 춤을 추네.
이때 곱게 화장한 생일을 맞은 이가,
월궁을 향해 천수를 기원하네.

木蘭花

杏梁歸燕雙迴首, 黃蜀葵花225)開應候. 畫堂元是降生辰, 玉盞更斟長命酒.
爐中百和226)添香獸, 簾外靑蛾227)回舞袖. 此時紅粉感恩人228),

---

225) 황촉규화(黃蜀葵花) : 늦여름에 피는 황색의 금규화(金葵花)로 닥풀이라고도 한다.
226) 백화(百和) : 여러 종류의 향을 가리킨다.

拜向月宮千歲壽.

작품 해설

   생일을 축하하기 위해 벌인 연회의 모습을 노래했다. 상편에서는 황촉규화가 핀 시기에 벌어진 연회에서 생일을 축하하는 모습을 묘사하고 있다. 하편의 전반에 묘사된 '여러 금수향로에서 피는 향' '연회에서 춤추는 미인들'을 통해 화자의 넉넉하고 여유로운 삶을 엿볼 수 있다.

---

227) 청아(靑蛾) : 젊은 미인.
228) 감은인(感恩人) : 생일 맞은 당사자.

71. 젊음이 오래도록 변함없기를

자색 장미와 붉은 무궁화가 무성히 핀 후에,
베개와 자리가 조금 서늘한데 물시계 소리 들려오네.
호화로운 연회가 막 시작되는데 주렴에 해가 들고,
단판이 소리를 내려 하니 온 소매에 향기가 가득하네.

붉은 저고리의 시녀가 자주 술을 따르고,
거북이와 학 같은 신선도 내려와 장수를 비네.
즐거운 분위기 점점 흥을 더하니,
젊음이 오래도록 변함없기를.

木蘭花
紫薇朱槿繁開後, 枕簟微涼生玉漏. 玳筵229)初啟日穿簾, 檀板230)欲開香滿袖.
紅衫侍女頻傾酒, 龜鶴仙人231)來獻壽. 歡聲喜氣逐時新, 靑鬢

---

229) 대연(玳筵) : 화려한 연회.
230) 단판(檀板) : 단목(檀木)으로 제작한 박자를 맞추는 악기.
231) 구학선인(龜鶴仙人) : 장수를 상징하는 신선.

玉顔[232]長似舊.

작품 해설

    연회에서 장수를 기원하고 있다. 상편에서는 이른 아침부터 벌어지는 연회의 배경을 묘사했다. 하편에서는 술을 받으며 자신의 장수를 빌어 주는 상황과 그러한 삶이 오래기를 바라는 화자의 바람에 대해 묘사했다.

---

232) 청빈옥안(靑鬢玉顔) : 푸른 귀밑머리와 옥 같은 얼굴로 젊음을 말한다.

72. 비파 소리 급해지고 붉고 옥 같은 팔도 따라 움직이네

봄 파 같은 가는 손가락으로 가볍게 현을 튕기니,
다섯 색으로 늘어진 끈이 양 소매에 말리네.
뽀얀 피부의 향이 자단목에 스미고,
비파 소리 급해지고 붉고 옥 같은 팔도 따라 움직이네.

연주하는 곡마다 끝없이 감정이 일고,
곡의 막바지에 이르러서는 연주하는 이의 머리 장식이 흔들리네.
모든 술잔을 가득 채워 장수를 빌고,
다시금 몸을 바르게 한 후 단장하네.

木蘭花

春蔥233)指甲輕攏捻234), 五彩條垂雙袖卷. 雪香濃透紫檀槽235),

---

233) 춘총(春蔥) : 봄날의 파처럼 가늘고 흰 미인의 섬섬옥수를 가리킨다.
234) 용념(攏捻) : 가볍게 현을 튕기다.

胡語236)急隨紅玉腕.
當頭一曲情無限, 入破237)錚琮238)金鳳戰. 百分芳酒祝長春, 再拜斂容抬粉面.

작품 해설

　비파를 연주하는 여인의 아름다운 모습을 묘사했다. 상편에 그려진 '봄 파 같은 가는 손가락으로 튕기는 현' '양소매에 말리는 오색 끈' '하얀 피부' '붉고 옥 같은 팔' 등을 통해 비파를 연주하고 있는 여인의 아름다운 자태를 선명히 부각했다. 특히 하편에서는 막바지의 격정적인 연주를 마친 후 재차 단장하는 여인의 모습을 통해서 화자의 은근한 내심을 노래하고 있다.

235) 자단조(紫檀槽) : 자단목(紫檀木)으로 만든 지지대(받침대)를 말한다.

236) 호어(胡語) : 호인(胡人)의 말로, 여기서는 비파 소리를 가리킨다.

237) 입파(入破) : 곡이 끝날 즈음에 모든 악기가 합주하는 것.

238) 쟁종(錚琮) : 옥이나 돌이 부딪쳐 나는 소리.

73. 늘 이러한 마음을 말해도 다하질 못하네

옥 같은 피부에 붉은 실로 묶은 모습이 온화하고,
단향목을 치며 급한 곡을 연주하네.
농두곡의 울림이 흐느끼는 물소리처럼 거세지니,
잎의 아래에서 우는 꾀꼬리 소리와 비슷하네.

재자가인들이 서로 소식을 전하며,
밝은 달과 맑은 바람 속에서 이별을 아파하네.
지음이 어느 곳에 있는지 알지 못해,
늘 이러한 마음을 말해도 다하질 못하네.

木蘭花

紅條約束239)瓊肌穩, 拍碎香檀催急袞. 壟頭240)嗚咽水聲繁, 葉下間關241)鶯語近.

239) 약속(約束) : 묶다.
240) 농두(壟頭) : 농두가(壟頭歌) 또는 농두곡(壟頭曲)을 말한다. 지금의 중국 산시성(陝西省) 룽현(壟縣)의 서북쪽에 농두산(壟頭山)이 있었는데, 옛날에 행역 나가는 사람들이 이 산에 올라 이별을 슬퍼하면 농두산에 흐르는 물도 오열했다고 한다.

美人才子傳芳信, 明月淸風傷別恨. 未知何處有知音, 長爲此情言不盡.

작품 해설

　재자가인들의 만남과 헤어짐을 노래하고 있다. 상편에서는 재자가인들과의 모임에서 연주되는 가락에 대해 묘사했는데 '흐느끼는 물소리' '우는 꾀꼬리 소리' 등을 통해 화자의 서글픈 심정을 충분히 표출했다. 하편에서는 만남 속에서 다시 이별해야 하는 슬픔과 이미 연락이 닿지 않는 지음에 대한 그리움을 묘사했다.

241) 간관(間關) : 새가 우는 소리.

74. 지나가는 세월 늘 짧기만 한 것을

장안의 도성 길에 일찍 봄이 돌아오니,
수양버들이 늘어지고 방초가 푸르게 물드네.
꾀꼬리와 제비 소리가 새벽을 재촉하네.
좋은 꿈 꾸다 자주 놀라 깨네.

이러한 때에 큰길가 기루에 있네.
은밀히 만나는 곳에서 두 사람의 마음이 얼마나 깊은지.
귀한 진주 아끼지 마시게.
지나가는 세월 늘 짧기만 한 것을.

迎春樂

長安紫陌242)春歸早, 嚲垂243)楊、染芳草. 被啼鶯語燕催淸曉.
正好夢、頻驚覺.
當此際、靑樓臨大道. 幽會244)處、兩情多少. 莫惜明珠百

242) 자맥(紫陌) : 도성의 큰길.
243) 타수(嚲垂) : 늘어지다.
244) 유회(幽會) : 은밀한 밀회.

珥245), 佔取長年少.

작품 해설

  봄날 새벽에 짧은 세월을 아쉬워하고 있다. 상편에서는 '늘어진 수양버들' '푸른 방초' '꾀꼬리와 제비 소리' 등을 통해 화자 주변의 봄날 경치를 묘사했다. 이어 하편에서는 기루에서의 은밀한 만남을 고백하며 세월이 짧음에 대한 화자의 안타까운 심정을 표현했다.

---

245) 명주백배(明珠百珥) : 100꿰미의 귀한 진주.

75. 마음속의 그녀를 가지 말라고 만류하네

푸른 매실주 데워 마시기 좋은 시절,
또다시 늦은 봄이네.
동쪽 성의 남쪽 길 꽃 아래에서
마음속의 그 사람을 만났네.

돌아서라고 손짓하며,
좋은 자리 펴서,
함께하고 싶은 마음을 드러내네.
이러한 감정이 오히려 만든,
천 갈래의 아지랑이같이 흔들리는 마음,
마음속의 그녀를 가지 말라고 만류하네.

訴衷情

靑梅煮酒鬪246)時新, 天氣欲殘春. 東城南陌花下, 逢著意中人.
回繡袂, 展香茵247), 敍情親. 此情拚248)作, 千尺游絲, 惹住249)

246) 두(鬪) : 틈타다.
247) 인(茵) : 펼치는 돗자리.

朝雲250).

작품 해설

늦봄에 만난 남녀의 애정을 노래했다. 상편에서는 봄날 꽃길 아래에서 이루어진 두 사람의 만남에 대해서 묘사하고 있고, 하편에서는 상대의 마음을 사기 위한 화자의 호의와 애정을 그리고 있다.

---

248) 변(拚) : 오히려.
249) 야주(惹住) : 만류하다.
250) 조운(朝雲) : 그리운 여인을 가리킨다.

76. 마음속의 근심은 끝이 없네

가지 많은 금빛 국화가 부용을 마주하니,
겹겹이 꽃송이가 떨어지네.
깊은 원망이 얼마인지를 알지 못하고,
서풍이 이슬과 함께 눈물을 떨구네.

사람들이 흩어진 후,
밝은 달빛 속에,
밤의 한기가 짙어지네.
기녀는 근심스레 누웠고,
반악은 한가로이 잠이 들었는데,
마음속의 근심은 끝이 없네.

訴衷情

數枝金菊對芙蓉, 搖落意重重. 不知多少幽怨, 和露泣251)西風.

---

251) 화로읍(和露泣) : 이슬이 떨어지는 것이 우는 모습과 같음을 말한다.

人散後, 月明中, 夜寒濃. 謝娘252)愁臥, 潘令253)閒眠, 心事無窮.

작품 해설

　가을날 연인과 헤어질 것을 두려워하는 기녀의 마음을 묘사했다. 상편에서는 '이슬과 함께 눈물을 떨구는 서풍'을 통해 이별을 두려워하는 화자의 마음을 선명하게 표현하고 있다. 특히 하편에서는 미남자인 연인이 한가로이 잠든 모습을 그리며, 연인의 무심함에 대한 화자의 안타까움을 강조했다.

252) 사낭(謝娘) : 기녀를 가리킨다.
253) 반령(潘令) : 중국 서진(西晉) 시기의 문인인 반악(潘岳)으로, 그는 용모가 수려하고 글솜씨가 빼어났다. 여기서는 미남자를 의미한다.

77. 향기로운 누각에서 깊이 잠든 그대를 원망하는데

봄바람 속의 수양버들 더욱 푸르러지려고 하고,
옅은 안개비가 내리다 막 개었다네.
향기로운 누각에서 깊이 잠든 그대를 원망하는데,
꾀꼬리는 어지러이 울어 대네.

가는 눈썹 그리고,
허리 돌리며 가벼이 춤추다가,
어제 한 화장을 다시 고치네.
봄뜻을 가득 담은,
삼월의 온화한 바람이,
사람의 마음을 흔드네,

訴衷情

東風楊柳欲靑靑, 煙淡雨初晴. 惱他香閣濃睡, 撩亂有啼鶯.
眉葉細,254) 舞腰輕, 宿妝255)成. 一春芳意, 三月和風, 牽繫

---

254) 미엽세(眉葉細) : 가는 붓으로 그린 눈썹.

人情.

작품 해설

  봄날 기녀의 근심을 노래하고 있다. 상편에서 그려진 '한적한 봄날 누각에서 잠든 연인'과 '그 곁에서 어지러이 우는 꾀꼬리'는 두 사람 내심의 온도를 확연하게 표현한다. 하편에서는 화장과 단장 후에도 진정되지 않는 화자의 수심을 부각하고 있다.

255) 숙장(宿妝) : 하루가 지난 어제 한 화장.

78. 그저 그리워할 뿐이라네

이슬을 머금은 두 볼과 먼 산 같은 눈썹,
조화로운 옅은 화장이 어울리네.
작은 뜰 주렴 장막에 늦봄이 드리워,
한가로이 버들 실과 함께 늘어졌네.

이별 후에,
달은 둥글기만 하고,
소식은 더디기만 하네.
마음속에서 생각하고 또 생각하니,
말하고 싶어도 의탁할 곳이 없어,
그저 그리워할 뿐이라네.

訴衷情

露蓮雙臉遠山眉, 偏與256)淡妝宜. 小庭簾幕春晚, 閒共柳絲垂.
人別後, 月圓時, 信遲遲. 心心念念, 說盡無憑257), 只是相思.

256) 편여(偏與) : 균형이 잡혀 조화로운 모습을 말한다.
257) 무빙(無憑) : 기댈 곳이 없다.

작품 해설

 이별 후의 원망스러운 마음을 묘사하고 있다. 상편에서는 이별 후 늦봄이 되도록 장막을 늘어트리고 생활하는 화자의 형편을 읊었고, 하편에서는 달빛이 밝을수록 소식은 더디기만 한 암담함 속에서 의지할 곳 없이 그리움만 쌓여 가는 화자의 모습을 노래했다.

79. 부귀와 장수를 기원하네

가을바람이 북쪽 연못의 연꽃에 불어오니,
아침의 여명이 누각에 선명하게 비치네.
화당에 오늘 연회가 있으니,
함께 옥향로의 연기를 피운다네.

좋은 술을 따르고,
좋은 자리 축하하며,
큰 술잔을 받드네.
봄을 즐기며 여름을 기다리니,
얼마나 복된지,
부귀와 장수를 기원하네.

訴衷情
秋風吹綻北池蓮, 曙雲258)樓閣鮮. 畫堂今日嘉會, 齊拜玉爐煙.
斟美酒, 祝芳筵259), 奉觥船. 宜春耐夏, 多福莊嚴260), 富貴

258) 서운(曙雲) : 새벽녘의 여명.

長年.

작품 해설

　가을날의 연회에서 부귀와 장수를 기원하고 있다. 상편에서는 연회가 열리는 공간의 정경과 준비 상황을 묘사했고, 하편에서는 화려한 연회 자리를 통해 술잔을 주고받으며 부귀와 장수를 축원하는 넉넉한 모습을 그리고 있다.

259) 방연(芳筵) : 좋은 자리, 즉 연회를 의미한다.
260) 장엄(莊嚴) : 위엄 있고 엄숙한 모습.

80. 해마다 오래도록 새롭기를 바라네

당신은 세상의 부귀한 신선이니,
오늘 그대의 생신을 축하드리네.
난당의 주렴과 장막을 높이 걷어 올리자,
맑은 노랫소리에 가던 구름도 쉬어 가네.

옥술잔을 쥐고,
붉은 두건을 올리며,
천수를 기원하네.
석류주를 마시고,
금빛 오리 향로에 향을 피우며,
해마다 오래도록 새롭기를 바라네.

訴衷情
世間榮貴月中人261), 嘉慶在今辰262). 蘭堂簾幕高卷, 淸唱遏行

---

261) 월중인(月中人) : 달 속의 신선으로 여기서는 생일을 맞이한 사람이다.

262) 금신(今辰) : 올해.

雲.
持玉盞, 斂紅巾, 祝千春. 榴花壽酒, 金鴨爐香, 歲歲長新.

작품 해설

귀인의 생일을 축하하는 노래다. 상편에서는 생일을 맞이한 귀인을 신선에 비유하며 화려한 연회에 흐르는 아름다운 노랫소리를 묘사했고, 하편에서는 술잔을 들고 향을 피우며 귀인이 오래도록 장수하기를 소망하는 화자의 바람을 서술했다.

81. 봄바람과 함께하기를

몽글몽글 이슬방울 같은 해당화,
맑은 새벽 창가에 피어 있네.
여인의 얼굴에 피어오른 연지처럼,
한쪽만 짙게 보이는구나.

여린 잎을 보며,
붉은 꽃을 애석해하니,
정취가 끝이 없네.
해당화의 꽃처럼 잎처럼,
해마다,
봄바람과 함께하기를.

訴衷情

海棠珠綴263)一重重, 淸曉近簾櫳. 胭脂264)誰與勻淡, 偏向臉邊

263) 주철(珠綴) : 진주를 엮었다는 의미이지만 여기서는 해당화 봉오리가 이슬 같음을 말한다.
264) 연지(胭脂) : 원래는 화장을 뜻하지만, 작품에서는 해당화 봉오리

濃.
看葉嫩, 惜花紅, 意無窮. 如花似葉, 歲歲年年, 共占春風.

작품 해설

    이슬방울같이 몽글몽글 피어오른 해당화의 모습을 보며, 해당화가 봄바람과 그러하듯 함께 감상하는 사람과의 우정도 오래도록 지속되길 바라는 화자의 마음을 노래했다.

가 연지처럼 붉은 것을 가리킨다.

82. 그리움이 끝이 없네

부용과 금빛 국화가 향기를 다투니,
중양절이 가까워 오는 때라네.
저 멀리 마을의 가을빛은 그림 같고,
나무 사이로 보이는 듬성듬성 붉고 노란 단풍잎.

흐르는 물은 얕고,
푸른 하늘은 드넓어,
길은 망망하기만 하네.
높이 올라 눈길 닿는 곳까지 바라보는데,
큰기러기가 오는 것을 보니,
그리움이 끝이 없네.

訴衷情

芙蓉金菊鬥馨香265), 天氣欲重陽. 遠村秋色如畫, 紅樹266)間疏黃.

265) 형향(馨香) : 향기가 넓게 퍼지다.
266) 홍수(紅樹) : 단풍나무.

流水淡,267) 碧天長, 路茫茫. 憑高目斷, 鴻雁來時, 無限思量.

작품 해설

가을날의 풍경을 노래하고 있다. 상편에서는 중양절이 다가오는 가을날의 단풍 든 풍경을 묘사했고, 하편에서는 잔잔한 물결과 높은 하늘 끝없이 펼쳐진 길에서 끊임없이 솟아나는 가족에 대한 그리움을 토로했다.

267) 유수담(流水淡) : 흐르는 물이 맑고 깨끗한 것을 말한다.

83. 소나무처럼 천수 다하기를 기원하네

훤한 대낮에 악기 소리가 조화롭게 들려오고,
노랫소리가 화당에 가득하네.
노래를 잘하는 기녀는 세상에 드물어,
촛불 그림자가 밤까지 붉게 흔들리네.

웃음 한 번에,
천 잔의 술을 마시니,
흥이 어찌 다하겠는가?
공명을 떨치고,
부귀를 누리며 해마다 건강해,
소나무처럼 천수 다하기를 기원하네.

訴衷情
喧天絲竹268)韻融融269), 歌唱畫堂中. 玲女270)世間希有, 燭影

268) 사죽(絲竹) : 악기에 대한 범칭.
269) 융융(融融) : 악기 소리가 조화로운 것을 형용한다.
270) 영녀(玲女) : 노래를 잘 부르는 가기(歌妓)를 가리킨다.

夜搖紅.
一同笑, 飮千鍾271), 興何窮. 功成名遂, 富足年康, 祝壽如松.

작품 해설

   연회에서의 유쾌한 모습을 묘사했다. 상편에서는 가기의 아름다운 노랫소리가 밤까지 이어짐을 묘사했고, 하편에서는 술 마시며 즐기는 흥겨움이 계속될 수 있도록 부귀공명을 떨치며 장수하기를 기원했다.

---

271) 천종(千鍾) : 1000잔의 술.

84. 끝없이 살기를 기원하네

야외에 천막을 친 연회가 사치스럽고,
가기들은 홍아 판을 들고 노래하네.
술에 취했다 깨고 다시 마시고 취하는데,
머리 가득 비스듬히 꽃을 꽂았네.

수레에 술을 한껏 실었지만,
담비 가죽 풀어 다시 술을 사니,
번화로움이 끝이 없네.
자손들이 번성하고,
집안이 창성해,
끝없이 살기를 기원하네.

訴衷情
幕天席地272)鬥豪奢, 歌妓捧紅牙273). 從他醉醒醒醉, 斜插滿頭

272) 막천석지(幕天席地) : 하늘을 덮을 만큼 화려하고 사치스럽게 차린 연회.
273) 홍아(紅牙) : 박자를 맞추는 용도의 붉은 악기.

花.
車載酒, 解貂貰274), 盡繁華. 兒孫賢俊, 家道榮昌, 祝壽無涯.

작품 해설

　성대한 연회에서 가문의 영화와 장수를 기원하고 있다. 우선 상편에서는 '유령(劉伶)'275)과 '석숭(石崇)'276) 및 '완부(阮孚)'277)의 전고를 사용해 화려한 생일 연회의 모습을 묘사했고, 이어 하편에서는 가문의 영화와 삶에 대한 갈망을 노래했다.

---

274) 초세(貂貰) : 진귀한 담비 가죽을 술로 바꾸는 것을 말한다.

275) 유령(劉伶, 221~300) : 서진(西晉) 시기 죽림칠현 중 한 사람으로 술을 매우 좋아했으며 마시면 언제나 크게 취했다고 한다.

276) 석숭(石崇, 249~300) : 역시 서진(西晉) 시기의 인물로, 항해와 무역으로 큰 부자가 되었는데 사치스런 생활을 하기로 유명했다.

277) 완부(阮孚) : 동진(東晉) 시기 사람으로 술을 너무 좋아해 황문시랑(黃門侍郞)의 관직에 있을 때 귀한 담비 가죽옷을 팔아 술로 바꾸어 마셨다가 탄핵을 당했다.

85. 이 아름다움을 모두 그려 내지 못해

작은 도화와 이른 매화,
모두가 아름다운 품격을 가졌다네.
동풍이 이르지 않았는데도 먼저 피어,
각각 봄소식을 전해 오네.

옥술잔 앞에서 가인은 비녀를 꽂고는,
한 송이 한 송이에 짙은 향이 사라짐을 아쉬워하네.
이 아름다움을 모두 그려 내지 못해,
그대로 붓을 놓아 버리네.

胡搗練

小桃花與早梅花, 盡是芳姸品格. 未上東風先拆, 分付春消息.
佳人釵上玉尊前, 朵朵穠香堪惜. 誰把彩豪[278]描得, 免恁輕拋擲[279].

278) 채호(彩豪) : 화려한 붓.
279) 포척(拋擲) : 던지다.

작품 해설

　상편에서는 이른 봄날에 핀 도화와 매화의 아름다운 모습을 묘사했고, 하편에서는 일찍 핀 도화와 매화꽃만큼이나 아름다운 가인의 모습을 노래하고 있다.

86. 꿈속에서도 늘 날아가 버리네

이월의 봄바람 불어오니,
마침 버들꽃이 길에 가득하네.
어찌 이러한 이별의 마음을 견뎌 낼 수 있을까?
비단 손수건에 몰래 눈물을 훔치며,
옅은 화장이 묻어나게 둔다네.
어찌 천년 만 년을 머물겠는가?

옥술잔을 여러 번 기울이니,
다음 날 미간에 수심이 맺혀 있네.
부질없이 애간장 끊어져 쟁을 끌어당겨 연주하네.
사람이 나중에 만날 수 있다고는 하나,
어디에서 만날지 알 수가 없네.
꿈속에서도 늘 날아가 버리네.

殢人嬌
二月春風, 正是楊花滿路. 那堪更、280) 別離情緒. 羅巾掩淚, 任

---

280) 나감경(那堪更) : 어찌 견뎌 낼 수 있을까?

粉痕沾污. 爭奈向、281) 千留萬留不住.
玉酒頻傾, 宿眉愁聚. 空腸斷、寶箏弦柱. 人間後會282), 又不知何處. 魂夢裡、也須時時飛去.

작품 해설

　봄날 이별의 근심을 노래하고 있다. 상편에서는 봄날 함께하지 못하고 떠나보내야 하는 화자의 심정을 묘사했고, 하편에서는 마주한 이별의 고통이 깊음을 토로했다.

281) 쟁내향(爭奈向) : 어찌 … 수 있겠는가?
282) 후회(後會) : 나중에 만나다.

87. 경사스러운 날에 사람들의 바람이 얼마나 많은지

홰나무에 가벼이 향기가 깃들더니,
점점 은하의 그림자가 움직이는 것을 느낀다네.
고요한 숲속에 성기게 남은 붉은 꽃이 시들려 하네.
붉은 주렴 밖에는 가는 비 내리고,
돌아가야 할 제비는 여전히 머뭇거리네.
경사스러운 날에 사람들의 바람이 얼마나 많은지!

놀란 난새 소리 같은 초죽의 퉁소,
기러기 행렬처럼 늘어선 진쟁.
춤추는 소매는 엉겨 휘감기고,
비단 자리는 급히 뒤집히네.
곡마다 가던 구름 멈추고,
단판을 가벼이 다시 쥐네.
향이 멀리까지 피어오르고 함께 장수를 기원하네.

殢人嬌

玉樹微涼, 漸覺銀河影轉. 林葉靜、疏紅欲遍. 朱簾細雨, 尚遲留歸燕. 嘉慶日、多少世人良願.
楚竹驚鸞,283) 秦箏起雁.284) 縈舞袖、急翻羅薦285). 雲回一曲,
更輕櫳286)檀板. 香炷遠、同祝壽期無限.

작품 해설

    가을날 벌인 연회의 모습과 소망을 노래했다. 상편은 늦여름의 미세한 시간 변화에 대해 묘사하고 있고, 하편은 경축연의 부귀하고 화려한 모습과 장수를 기원하는 마음을 그려 내고 있다.

---

283) 초죽경난(楚竹驚鸞) : 초(楚) 땅의 대나무로 만든 퉁소로, 그 연주 소리가 놀라 날아오르는 난새의 소리와 같다.

284) 진쟁기안(秦箏起雁) : 진(秦) 땅에서 사용하던 쟁으로 그 기둥의 모습이 기러기의 행렬과 같다.

285) 나천(羅薦) : 비단 자리.

286) 농(櫳) : '농(攏)'의 의미로, 손으로 잡는다는 뜻이다.

88. 신선으로부터 천수를 하사받았네

잎은 떨어지고 가을 하늘은 높은데,
석양이 지니 붉은 난간에 이슬이 쌓이네.
풍광은 좋지만 갑자기 날이 차가워지네.
오래 살아서 오늘,
장수하신 분을 만났네.
기녀는 장수주를 올리고, 옥 같은 목소리로 거듭 노래하네.

생황의 소리에 곡조가 바뀌자,
금꽃을 수놓은 저고리의 소매가 휘감기네.
주렴 그림자가 움직이고 까치 향로에는 가늘게 연기가 피어오르네.
남진부인의 명부에 이름을 올린 듯,
신선으로부터 천수를 하사받았네.
좋은 만남 오래도록 가지며 맛있는 술 아끼지 말고 함께 취하기를.

殢人嬌

一葉秋高, 向夕紅蘭露墜. 風月好、乍涼天氣. 長生此日, 見人中嘉瑞[287]. 斟壽酒、重唱妙聲珠綴.
鳳篆[288]移宮, 鈿衫[289]回袂. 簾影動、鵲爐[290]香細. 南眞[291]寶錄, 賜玉京[292]千歲. 良會永、莫惜流霞[293]同醉.

작품 해설

    가을밤의 연회에서 장수를 기원하고 있다. 현대 사가(詞家)였던 류양중(劉揚忠)은 이 작품에 대해, 화자가 아내의 생일을 맞아 장수를 기원한 축수사(祝壽詞)로 간주했다.

---

287) 가서(嘉瑞) : 장수한 사람.
288) 봉완(鳳篆) : 생황.
289) 전삼(鈿衫) : 금꽃을 수놓은 저고리.
290) 작로(鵲爐) : 까치 모양의 향로.
291) 남진(南眞) : 남극성(南極星)의 화신으로 인간의 수명을 관장한다고 알려진 남진부인(南眞夫人).
292) 옥경(玉京) : 신선이 사는 곳.
293) 유하(流霞) : 신선이 마신다는 좋은 술.

89. 아침 꽃과 저녁달을 보면서 오래도록 그리워하네

푸른 나무에서 꾀꼬리는 지저귀고,
조각한 기둥에서 제비는 떠나가며,
봄 풍광 가는 것이 번개와 같네.
술 마시고 노래할 땐 깊게 읊조리지 말길,
인생은 유한하나 마음은 무한하네.

부드러운 소매에 봄빛이 엉기고,
길게 그린 눈썹에 원망이 서리자,
진쟁의 기둥은 격렬히 움직이네.
잔 속의 술을 보니 마음속의 그 사람 떠오르고,
아침 꽃과 저녁달을 보면서 오래도록 그리워하네.

踏莎行

綠樹啼鶯, 雕樑別燕, 春光一去如流電. 當歌對酒莫沈吟, 人生有限情無限.

弱袂縈春, 修蛾294)寫怨, 秦箏寶柱頻移雁295). 尊中綠醑296)意中人, 花朝月夜297)長相見.

작품 해설

   그리운 마음을 진쟁에 담아 연주하고 있는 화자의 모습을 묘사했다. 먼저 상편에서는 아름다운 봄은 쉬이 지나가니 이를 아쉬워만 말고 충분히 즐기라고 권유했고, 이어 하편에서는 그러한 봄을 함께하지 못하니 깊어진 그리움을 진쟁 소리에 담아 토로했다.

294) 수아(修蛾) : 가늘게 그린 눈썹.
295) 이안(移雁) : 진쟁을 타다.
296) 녹서(綠醑) : 맛있는 술.
297) 화조월야(花朝月夜) : 아침부터 밤까지 온종일.

90. 어찌 지나가는 사람을 붙잡을 수 있을까

가는 풀과 근심 어린 안개,
그윽한 꽃은 이슬을 두려워하고,
난간에 기대니 늘 마음이 무너지네.
해가 높이 뜬 깊은 뜰에는 고요히 아무도 없는데,
언제나 제비 한 쌍이 날아가네.

비단 저고리의 띠는 느슨해지고,
난초의 향은 여전히 남아,
하늘은 길기만 해 멀고 먼 길이 멈추질 않네.
늘어진 수양버들은 단지 봄바람만을 이끄니,
어찌 지나가는 사람을 붙잡을 수 있을까?

踏莎行

細草愁煙, 幽花怯露, 憑闌總是銷魂處. 日高深院靜無人, 時時海燕雙飛去.
帶緩羅衣, 香殘蕙炷298), 天長不禁迢迢299)路. 垂楊只解惹春

---

298) 혜주(蕙炷) : 난초 향을 피우는 것.

風, 何曾係得行人住.

작품 해설

　봄 풍경 속에서 떠난 이를 그리워하고 있다. 상편에서는 부드러운 어조로 봄이 지나가는 것을 슬퍼했고, 하편에서는 유한한 시간에 대한 깊은 한탄과 아쉬움을 드러내고 있다.

299) 초초(迢迢) : 멀고 먼 모양.

91. 인생 만사가 언젠가는 끝난다는 것이라네

화려한 북소리가 황혼부터 새벽녘까지 계속되는데,
세월은 사람이 늙기만을 재촉하네.
잠시 환락을 구하니 풍경이 아름다워,
소리를 높여,
신선처럼 〈어가오〉 곡을 부르네.

푸른 물은 유유하고 하늘은 망망하기만 하니,
덧없는 인생 어찌 젊을 수만 있겠는가?
마음껏 술 마시고 웃으시기를,
반드시 알아야만 하는 것은,
인생 만사가 언젠가는 끝난다는 것이라네.

漁家傲

畫鼓300)聲中昏又曉, 時光只解催人老. 求得淺歡301)風日好, 齊揭調302), 神仙一曲漁家傲.

300) 화고(畫鼓) : 채색한 꽃무늬 장식의 북.
301) 천환(淺歡) : 잠시의 환락.

綠水悠悠天杳杳303), 浮生豈得長年少. 莫惜醉來開口笑, 須信道304), 人間萬事何時了.

작품 해설

　인생의 무상함을 노래했다. 상편에서는 시간이 유한하다는 것을 알아 황혼부터 새벽까지 즐거움을 추구하고 있는 화자의 모습을 묘사했고, 하편에서는 무한한 자연과 달리 인간의 삶이 언젠가는 끝이 난다는 것에 대한 각성을 촉구했다.

---

302) 게조(揭調) : 높은 소리로 노래를 부르는 것.
303) 묘묘(杳杳) : 아득한 모양.
304) 신도(信道) : 알다.

92. 누가 기녀를 불러 맛있는 술을 마시는가

연꽃과 연잎이 아름다움을 다투고,
붉은 꽃잎과 부드러운 잎은 막 화장을 끝낸 듯하네.
어제 작은 연못에 성긴 비가 내린 후,
수놓은 비단을 깔아 놓은 듯해,
행인이 지나가며 자주 돌아보네.

붉은 난간에 기대어 오래도록 멀리 바라보니,
원앙 떠 있는 그곳에 물결이 이네.
누가 기녀를 불러 맛있는 술을 마시는가?
춤추는 소매는 엉기고,
연회에서 나를 위해 장수를 기원하네.

漁家傲
荷葉荷花相間鬪, 紅嬌綠嫩新妝就305). 昨日小池疏雨後, 鋪錦繡, 行人過去頻回首.
倚遍朱闌凝望久, 鴛鴦浴處波文306)皺. 誰喚謝娘斟美酒, 縈舞

---

305) 취(就) : 마치다.

袖, 當筵勸我千長壽.

작품 해설

여름날 연회를 열어 건강과 장수를 기원하고 있다. 자신의 생일을 자축한 자수사(自壽詞)다. 상편에서는 연꽃과 연잎으로 가득한 호수의 아름다운 풍광을 통해 삶의 찬란함을 노래했고, 하편에서는 좋은 시기에 충분히 삶을 즐기며 축수하는 화자의 모습을 묘사했다.

306) 파문(波文) : 물결.

93. 꽃과 잎처럼 오래도록 서로 바라보기를

연잎이 처음 피어 반쯤 말려 있고,
연꽃은 봉오리를 터트릴 듯 감싸고 있네.
이때의 연잎과 연꽃은 어찌나 아름다운지!
가을 물가에,
청량한 연잎이 붉게 화장한 연꽃과 마주하고 있네.

맛있는 술 한 잔을 객을 위해 남기듯,
연꽃잎을 따서 잡은 마음 끝이 없네.
세상 사람들 모였다 흩어짐이 어찌 이리 바쁜가?
여러 번 기원하나니,
꽃과 잎처럼 오래도록 서로 바라보기를.

漁家傲

荷葉初開猶半卷, 荷花欲拆猶微綻. 此葉此花眞可羨, 秋水畔,
靑涼繖307)映紅妝面.
美酒一杯留客宴, 拈花摘葉308)情無限. 爭奈世人多聚散, 頻祝

---

307) 산(繖) : 우산(傘)의 의미로 여기서는 연잎을 가리킨다.

愿, 如花似葉長相見.

작품 해설

여름날의 연꽃과 연잎이 함께 있는 모습을 통해, 서로를 바라보는 마음에 비유했다. 특히 하편에서는 언제나 하나인 자연과는 다르게, 수많은 이별이 존재하는 인간 세상에 대한 화자의 한탄과 원망을 분출하고 있다.

308) 염화적엽(拈花摘葉) : 꽃을 잡고 잎을 따는 것.

94. 마치 신선의 세계로 나아가는 것 같네

바람 앞에서 수양버들 향기는 백 보까지 퍼지고,
연잎 위로는 진주 같은 이슬이 점점이 맺혀 있네.
신선 세계로 통하는 동굴이 열렸나 생각하는데,
이러한 정취 얼마나 그윽한지!
마치 신선의 세계로 나아가는 것 같네.

새끼 오리 날아오는 곳은 연꽃잎이 무성해,
삼삼오오 무리 지어 이야기하네.
정자에서 술자리 파해 사람은 떠나,
머무르지 않는데,
황혼에 소슬한 비가 다시 내리네.

漁家傲

楊柳風前香百步, 盤心309)碎點眞珠露. 疑是水仙開洞府310), 妝景趣, 紅幢綠蓋311)朝天路.

309) 반심(盤心) : 연잎.
310) 동부(洞府) : 신선의 세계와 연결되는 통로.

小鴨飛來稠鬧處312), 三三兩兩能言語. 飮散短亭人欲去, 留不住, 黃昏更下蕭蕭雨.

작품 해설

　연꽃이 피어 있는 아름다운 경치를 묘사하고 있다. 상편에서는 연꽃 핀 아름다운 경치가 마치 신선의 세계와 같음을 노래했고, 하편에서는 사람이 떠난 자리에 자연 경물이 다시 들어오니 자연과 인간이 조화를 이루었음을 노래했다.

---

311) 홍당녹개(紅幢綠蓋) : 붉은 깃발과 푸른 장막으로, 신선의 수레를 가리킨다.
312) 조료처(稠鬧處) : 연꽃과 연잎이 조밀하게 피어 있는 곳.

95. 연잎에 연밥이 이미 보이네

화장하는 붓으로 붉은 단청을 그리면 그려지지 않고,
금침으로 채색 수놓는 것은 완성하기 어렵다네.
그윽한 향 옆에서 누가 가벼이 그것을 딸 수 있겠는가?
바람이 살랑살랑 부는데,
뱃머리 앞에서 한 쌍의 원앙이 놀라 흩어지네.

밤비가 하늘을 푸르게 물들이고,
아침 햇살은 붉은 연지색을 빌려 오네.
떨어지는 것 같다가 또다시 피어나니 사람들이 모두 아끼고,
가을 기운이 느껴지니,
연잎에 연밥이 이미 보이네.

漁家傲

粉筆313)丹靑描未得, 金針彩線功難敵. 誰傍暗香彩探摘, 風淅淅314), 船頭解散雙鸂鶒315).

313) 분필(粉筆) : 화장하는 붓.

夜雨染成天水碧, 朝陽借出胭脂色. 欲落又開人共惜, 秋氣逼, 盤中已見新蓮菂316).

작품 해설

　연꽃 핀 여름날의 풍경을 노래하고 있다. 상편에서는 연꽃 핀 호숫가에서 뱃놀이하는 정경을 묘사했고, 하편에서는 여름이 무르익었으나 쉬이 지지 않는 연꽃을 아끼는 마음에 대해 노래했다.

314) 석석(淅淅) : 바람이 살랑살랑 부는 모양.
315) 계칙(鸂鶒) : 원앙과에 속하는 비오리.
316) 연적(蓮菂) : 연밥.

96. 꽃술은 다 꺾여도 연 줄기는 계속 남네

잎 사이에서 백로는 편히 잠들지 못하고,
바람이 불어 이슬이 흔들리니 향기가 일어나네.
선녀가 노닐며 가까이 또 멀리서,
수줍게 묻네,
왜 푸른 잎으로 붉은 수술을 가렸는지를.

한 무더기의 노란 꽃술이 빗물을 머금으니,
하늘이 내려 준 금빛 봉오리가 아름답네.
술에 취해 함부로 가지를 꺾으니,
응당 원망이 있지만,
꽃술은 다 꺾여도 연 줄기는 계속 남네.

漁家傲

葉下鵁鶄317)眠未穩, 風翻露颭香成陣. 仙女出遊知遠近, 羞借問, 饒將綠扇遮紅粉.
一掬318)蕊黃霑雨潤, 天人乞與319)金英嫩. 試折亂條醒酒困, 應

---

317) 교청(鵁鶄) : 왜가릿과에 속하는 물새.

有恨, 芳心320)拗盡絲321)無盡.

작품 해설

   아름다운 연꽃의 모습을 묘사했다. 상편에서는 여인들이 봄놀이하는 정경을 노래했다. 또한 하편에서는 연꽃은 다 꺾여도 연 줄기가 남아 있어 여전히 그것이 꽃임을 드러내고 있음을 말하고 있다.

318) 일국(一掬) : 한 무더기.
319) 걸여(乞與) : 부여하다.
320) 방심(芳心) : 꽃술.
321) 사(絲) : 연 줄기.

97. 붉은 얼굴은 젊음에만 어울리나요

어젯밤 꽃술에 금가루가 앞다투어 날리고,
푸른 꽃방에 작은 벌들이 슬며시 엉겼네.
연꽃은 우는 듯 웃는 듯 피었는데,
이는 하늘이 준 모습으로,
사람이 꾸민 것이 아니라네.

부드러운 연잎과 맑은 향은 끝이 없고,
바람과 해는 늙기를 재촉하네.
하늘의 신선이 오기를 기다려,
물어보니,
붉은 얼굴은 젊음에만 어울리나요?

漁家傲

宿蕊322)鬥攢金粉鬧, 靑房323)暗結蜂兒小. 斂面似啼開似笑, 天與貌, 人間不是鉛華少.

---

322) 숙예(宿蕊) : 지난밤에 핀 꽃술.
323) 청방(靑房) : 연꽃의 꽃방.

葉軟香淸無限好, 風頭日腳乾催老. 待得玉京仙子324)到, 憑向
道, 紅顔只合長年少.

작품 해설

연꽃을 바라보며 젊음이 가는 것을 아쉬워하고 있다.
상편에서는 아름다운 연꽃의 모습을 묘사했고, 하편에서
는 그러한 연꽃이 지는 것을 바라보며 흘러가는 세월을 아
쉬워하는 화자의 속내를 노래했다.

324) 옥경선자(玉京仙子) : 하늘의 신선.

98. 붉은 뺨에 그리움으로 눈물이 흐르네

연꽃에 닿은 아침노을과 비췻빛의 연잎,
겹겹이 가을 강물을 차지했네.
〈채련〉곡이 바람 따라 들려오고,
사람이 아직 취하지 않았는데,
원앙은 함께하지 못하고 놀라 날아가네.

여린 가지를 따려니 푸른 가시가 밉고,
한가로이 화선을 두드리며 몰래 금꽃술을 따네.
한밤중 밝은 달에 이슬이 떨어지니,
그 안에 많은 뜻이 있어,
붉은 뺨에 그리움으로 눈물이 흐르네.

漁家傲
臉傳325)朝霞衣剪翠, 重重佔斷秋江水. 一曲採蓮326)風細細, 人未醉, 鴛鴦不合驚飛起.

325) 부(傳) : 닿다.
326) 채련(採蓮) : 연을 딸 때 부르는 채련곡(採蓮曲)을 말한다.

欲摘嫩條嫌綠刺, 閒敲畵扇偸金蕊. 半夜月明珠露墜, 多少意, 紅腮327)點點相思淚.

작품 해설

연을 따며 그리운 마음을 노래하고 있다. 상편에서는 늦여름에 연꽃이 지는 광경을 묘사했고, 하편에서는 이슬 맞고 떨어지는 연꽃의 서글픈 모습을 노래했다.

---

327) 홍시(紅腮) : 붉은 뺨.

99. 고개 돌려 돌아가려 하나 마음이 흔들리네

월 땅의 여인들 강의 북쪽 기슭에서 연을 따니,
가볍게 바람 따라 노를 젓네.
여인들과 꽃은 서로 아름다움 다투는데,
잔잔히 물은 흐르며,
때때로 화장한 얼굴을 비추네.

연잎은 층층이 푸른 우산을 펼치고,
꽃방 하나하나에 금빛 꽃술이 늘어져 있네.
연실 하나 잡아당겼으나 끊기지 않고,
붉은 해는 저무니,
고개 돌려 돌아가려 하나 마음이 흔들리네.

漁家傲

越女328)採蓮江北岸, 輕橈短棹隨風便. 人貌與花相鬪艶, 流水慢, 時時照影看狀面.
蓮葉層層張綠傘, 蓮房個個垂金盞. 一把藕絲329)牽不斷, 紅日

---

328) 월녀(越女) : 월 땅의 미인.

晩, 回頭欲去心繚亂330).

작품 해설

연을 따는 심사를 표현했다. 상편에서는 연꽃 따는 소녀들의 모습을 묘사했고, 하편에서는 해가 져 돌아가야 함에 아쉬워하는 소녀들의 심경을 노래했다.

---

329) 우사(藕絲) : 연실.
330) 요란(繚亂) : 뒤섞여 어지럽다.

100. 서쪽 연못에서 밤마다 바람과 이슬을 맞는다네

화장한 얼굴에 흐르는 눈물 흰 띠로 묶은 가는 허리,
그해 봄놀이에서 서로 만났네.
은근한 뜻, 깊은 정을 누구에게 하소연하리!
부질없이 원망하고 사모하며,
서쪽 연못에서 밤마다 바람과 이슬을 맞는다네.

연못 위에 석양이 푸른 나무에 걸려 있고,
연못 안에서 짧은 노를 저으니 가랑비가 놀란다네.
물에 떨어진 꽃잎은 어디로 가는가?
사람은 말이 없고,
물은 머물지 않고 동으로 흐르네.

漁家傲
粉面啼紅331)腰束素, 當年拾翠332)曾相遇. 密意深情誰與訴, 空

---

331) 제홍(啼紅) : 화장한 얼굴 위로 흘리는 붉은 눈물.
332) 습취(拾翠) : 푸른 새의 깃털을 모아서 장식한 것을 말하는데 여인들이 봄놀이하는 것을 뜻한다.

怨慕, 西池夜夜風兼露.
池上夕陽籠碧樹, 池中短棹驚微雨. 水汜落英333)何處去, 人不語, 東流到了無停住.

작품 해설

연꽃의 아름다운 모습과 주변의 풍광을 서술했다. 먼저 상편에서는 연꽃의 모습을 아름다운 여인에 비유했고, 하편에서는 연못에서 해 질 녘까지 누군가를 애타게 기다리다 결국 떨어지고 만 꽃잎에 화자의 안타까운 심정을 기탁하고 있다.

---

333) 낙영(落英) : 떨어진 꽃잎.

101. 말 없는 모습은 오래도록 그리워하는 것이라네

아득히 백로가 서서히 날아오는데 품위가 있고,
한 쌍의 물고기는 전할 소식을 알지 못하네.
푸른 줄기와 부드러운 향기 자주 잎을 땄지.
이 마음을 엮어,
가지가지 끝없이 누가 이끌어 내는가?

화장한 얼굴에 맑은 눈물 방울방울 떨구고,
비단 저고리는 가을 물색으로 물드네.
얼굴 마주하고 말없이 마음만 은근히 나눈다네.
물안개를 사이하고,
말 없는 모습은 오래도록 그리워하는 것이라네.

漁家傲

幽鷺慢來窺品格, 雙魚豈解傳消息. 綠柄嫩香頻採摘. 心似織,
條條不斷誰牽役334).
粉淚暗和淸露滴, 羅衣染盡秋江色. 對面不言情脈脈335). 煙

334) 견역(牽役) : 그리운 감정을 이끌어 내다.

水336)隔, 無人說似長相憶.

작품 해설

    초가을 곧 지고 말 연꽃의 모습을 통해 멀리 떨어진 연인을 그리워하고 있다. 우선 상편에서는 백로와 물고기를 통해 전할 소식이 있으나 서로에게 닿지를 못해 함께 나눈 추억만을 끝없이 회상하는 안타까운 심정을 노래했다. 이어서 하편에서는 결국 가을이 다가오고 물안개 속에서 그리운 마음만 품고 있는 연꽃의 모습을 노래했다.

---

335) 맥맥(脈脈) : 은근히 정을 나누는 모양.
336) 연수(煙水) : 물안개.

102. 붉은 얼굴 어찌 옛날과 같겠는가

초나라 미인은 원래 가녀리고,
탁문군의 윤기 나는 얼굴을 누가 묘사할 수 있으리?
밤낮으로 재촉하며 떨어지는 물시계 소리.
밤이 가고 낮이 되니,
붉은 얼굴 어찌 옛날과 같겠는가?

취해 연방을 꺾어 꽃 수술의 향을 맡으니,
꽃술에서 끝없이 맑은 향기가 스며 나네.
작은 난간에 잠시 기대려다 오래도록 앉고 말았네.
바람이 소매에 가득하고,
서쪽 연못 달 아래에 서 있다네 그 사람이 돌아간 뒤에도.

漁家傲
楚國細腰元自瘦, 文君337)膩臉338)誰描就. 日夜聲聲催箭漏. 昏

---

337) 문군(文君) : 탁문군으로 서한(西漢) 시기 탁왕손(卓王孫)의 딸이다.

复畫, 紅顔豈得長如舊.
醉折嫩房339)和蕊嗅, 天絲340)不斷淸香透. 卻傍小闌凝坐久. 風滿袖, 西池月上人歸後.

작품 해설

　밤낮으로 연인을 그리워하며 수척해 가는 주인공의 모습을 그리고 있다. 상편에서는 초나라의 허리 가는 미녀와 탁문군 같은 미인도 시간이 흐르면 그 아름다움이 쇠하기 마련이라고 말하며, 영원할 수 없는 아름다움에 대해 토로했다. 하편에서는 잠시가 될 줄 알았던 기다림이 오래도록 지속된다고 원망하며, 시간은 가는데 돌아오지 않는 연인에 대한 화자의 조급한 마음을 잘 담아내고 있다.

338) 이검(膩臉) : 윤기 나는 얼굴.
339) 눈방(嫩房) : 연방(蓮房)을 의미한다.
340) 천사(天絲) : 꽃 수술.

103. 가을 강 언덕에 다 떨어지는 것보다 나으니

여린 잎은 붉은 꽃 피려는 것을 더 이상 막지 못하는데,

잠자리는 점점이 물 위에 앉아 있고 그 주위를 물고기가 헤엄치네.

갑작스런 빗소리에 향기가 사방으로 퍼지네.

바람이 살랑살랑,

층층이 스며든 꽃향기 서로 어울리네.

늘 떨어진 꽃은 원망이 있어,

눈앞에 무한한 연민을 생기게 하네.

어찌 꽃을 꺾어 화장한 얼굴을 장식하지 않는가?

애써 보고 즐겨야 하리,

가을 강 언덕에 다 떨어지는 것보다 나으니.

漁家傲

嫩綠堪裁紅欲綻341), 蜻蜓點水魚游畔. 一霎雨聲香四散. 風颱亂, 高低掩映342)千千萬.

341) 탄(綻) : 꽃봉오리를 터뜨리다.

總是調零終有恨, 能無眼下生留戀. 何似折來妝粉面. 勤看玩, 勝如343)落盡秋江岸.

작품 해설

가을날의 풍경을 묘사하며 꽃이 다 지기 전에 즐겨야 함을 노래했다. 상편에서는 꽃이 절정에 달해 향기가 만발한 모습에 대해 묘사했고, 하편에서는 진 꽃들은 저마다 한스러운 사연이 생기니 지기 전에 꺾어 장식하며 즐겨야 한다고 권했다.

---

342) 엄영(掩映) : 서로 비추어 잘 어울리다.
343) 승여(勝如) : …보다 낫다.

104. 애석하구나! 달은 밝고 이슬과 바람은 좋은데

푸른 연잎 잘라 내니 붉은 연꽃 피려 하고,
이를 꺾으니 맑은 향이 소매에 가득하네.
한 쌍의 원앙은 잠을 충분히 못 자,
잎 아래에서 오래도록 서로를 지키네.

가는 가지 곁에서 어린 연근을 찾지 마시게,
푸른 가시에 옷이 걸리고 손을 다칠까 두렵네.
애석하구나! 달은 밝고 이슬과 바람은 좋은데,
그 사람 돌아간 바로 이때.

雨中花
剪翠妝紅欲就344), 折得淸香滿袖. 一對鴛鴦眠未足, 葉下長相守.
莫傍細條尋嫩藕, 怕綠刺、罥345)衣傷手. 可惜許346)、月明風露

344) 욕취(欲就) : 연잎이 피려고 하는 모습을 뜻한다.
345) 견(罥) : 옷이 걸리다.
346) 허(許) : 어조사.

好, 恰在人歸後.

작품 해설

　아름다운 가을밤에 연인이 돌아간 것을 아쉬워하고 있다. 상편에서는 연꽃을 따려 하는데 서로를 지키는 원앙 한 쌍이 이별한 연인을 떠올리게 하는 상황을 묘사했고, 하편에서는 마음 아픈 사랑을 그만두고 싶지만 이런 날에는 어쩔 수 없이 그 연인에 대한 그리움으로 흔들리는 화자의 안타까운 심정을 노래했다.

105. 그 아름다움을 세상 사람들과 감상하네

월나라의 서시가 붉은 눈물을 흘리니 아침 구름도 울고,
월나라 매화가 이때부터 서시의 찡그린 모습을 배웠네.
음력 섣달 초 유령에서 매화가 만개하니,
그 아름다움을 세상 사람들과 감상하네.

어젯밤 계곡 앞에 많은 눈이 내렸으나,
붉은 얼굴에 타고난 자태를 감추지 못하네.
언제 역사에서 서쪽으로 돌아갈 것인가?
그리운 마음을 함께 부쳐 보내려는데,
또 가지 하나가 새롭게 피었다네.
강남에 각별한 봄 풍경을 알려 주고 싶네.

瑞鷓鴣
越娥347)紅淚泣朝雲, 越梅從此學妖嚬348). 臘月初頭、庾嶺349)

---

347) 월아(越娥) : 초나라의 미인 서시를 가리킨다.

348) 요빈(妖嚬) : 서시의 찡그린 미소.

349) 유령(庾嶺) : 지명으로 매화가 많이 난다.

繁開後, 特染姸華350)贈世人.
前溪昨夜深深雪, 朱顔不掩天眞. 何時驛使西歸, 寄與相思客,
一枝新. 報導江南別樣春.

작품 해설

   음력 섣달 초 유령에 핀 아름다운 매화의 모습을 묘사하고 있다. 상편에서는 매화의 모습을 미인의 상징인 서시(西施)에 비유했다. 특히 하편에서는 매화 핀 봄소식을 연인에게 서둘러 알려 주고 싶은 화자의 감정이 부각되고 있다.

350) 연화(姸華) : 아름답고 화려한 매화.

106. 붉은 매화 눈 내린 가지 위에서 드러나네

강남의 섣달 마지막 날 돌아가려는 때,
붉은 매화 눈 내린 가지 위에서 드러나네.
간밤에 마을 앞에 눈 속에서 매화가 피니,
과연 수많은 꽃송이 서늘함을 알지 못하네.

단청으로 붉고 고르게 물감을 만들어,
채색 들보에 그림을 그리려다 주저하네.
한겨울이 무슨 상관이랴,
도화원 가는 길에 몰래 심어,
신선의 계곡을 옆에 끼고,
도화 피는 때를 기다릴 필요 없이 스스로 취하네.

瑞鷓鴣

江南殘臘351)欲歸時, 有梅紅亞352)雪中枝. 一夜前村、間破瑤英353)拆, 端的354)千花冷未知.

351) 잔랍(殘臘) : 섣달의 마지막 날.
352) 아(亞) : 낮게 핀 모양.

丹靑改樣勻朱粉, 雕樑欲畫猶疑. 何妨與向冬深, 密種秦人路355), 夾仙溪, 不待夭桃客自迷.

작품 해설

한겨울에 핀 아름다운 매화의 모습을 서술했다. 상편에서는 추위 속에서 피어난 아름다운 매화의 모습을 그렸다. 특히 하편을 통해 이 매화를 그린다면 도화가 필 때까지 꽃을 기다릴 필요 없다고 생각하는 화자의 상상을 생동적으로 묘사하고 있다.

---

353) 요영(瑤英) : 아름다운 옥으로, 여기서는 눈을 가리킨다.

354) 단적(端的) : 과연.

355) 진인로(秦人路) : 도연명이 〈도화원기(桃花源記)〉 속에서 따라 들어간 길.

107. 기쁘게 마시며 즐기네

자미꽃이 가지 위에서 이슬을 머금었고,
가을바람이 부는데,
관현악기 가는 소리 주렴 창에서 흘러나오네.
술 마시는 연회에서.

좋은 술을 따르니,
신선의 노랫소리가 들보를 휘감네.
이처럼 좋은 때 경사스러운 만남을 가지니,
경사스러운 만남에서,
기쁘게 마시며 즐기네.

望仙門

紫微枝上露華濃, 起秋風, 管弦聲細出簾櫳. 象筵中.
仙酒斟雲液356), 仙歌357)轉繞樑虹. 此時佳會慶相逢. 慶相逢,
歡醉且從容358).

---

356) 운액(雲液) : 좋은 술.

357) 선가(仙歌) : 아름다운 노래.

작품 해설

  가을날 여유롭게 즐기는 연회의 모습을 그리고 있다. 상편에서는 가을날 펼쳐지는 연회의 정경을 묘사했고, 하편에서는 연회에서 느끼는 화자의 정회를 노래했다.

---

358) 종용(從容) : 여유롭고 넉넉한 모습.

108. 만수무강을 축원하네

물시계에 서늘함 일어나고,
가을빛은 아름답네.
금술잔에 겹겹이 좋은 술이 채워지네.
신선의 마을에 모여서.

새로운 곡에 맞추어 악기를 연주하고,
새로운 소리에 〈예상우의곡〉을 더하네.
박산향로에 따스하게 짙은 향이 떠다니네.
짙은 향이 떠다니니,
만수무강을 축원하네.

望仙門

玉壺淸漏起微涼, 好秋光. 金杯重疊滿瓊漿359). 會仙鄕.
新曲詞絲管, 新聲更颺霓裳360). 博山爐361)暖泛濃香. 泛濃香,

359) 경장(瓊漿) : 맛있고 좋은 술.
360) 예상(霓裳) : 〈예상우의곡(霓裳羽衣曲)〉을 말한다.
361) 박산로(博山爐) : 산동성(山東省)에 있는 박산(博山)의 모양을 본

爲壽百千長.

작품 해설

  가을날 새로운 가락에 맞춰 노래 부르며 만수무강을 축원했다. 물시계 소리에 서늘함이 일어난다는 상편의 표현을 통해 시간적 배경이 가을임을 알 수 있다. 화자는 특히 하편을 통해 연회의 좋은 노래와 향기 속에서 그 즐거움이 계속되길 바라는 염원을 강조했다.

떠 만든 한(漢)나라 때의 향로.

109. 태평성대이니 임금의 은혜를 받들어야 하네

연못 물결의 푸름이 비늘처럼 반짝이고,
이슬을 맞은 연꽃은 새롭네.
맑은 노래 한 곡조에 푸른 눈썹이 찡그리며,
화려한 자리에서 춤을 추네.

난초꽃 띄운 술을 가득 붓고,
장수를 기원해야 한다네.
태평성대는 임금의 은혜이니.
임금의 은혜를 받들어,
함께 〈망선문〉 곡을 제창하네.

望仙門

玉池波浪碧如鱗, 露蓮新. 淸歌一曲翠眉嚬, 舞華茵362).
滿酌蘭英酒363), 須知獻壽千春. 太平無事荷364)君恩. 荷君恩.

362) 화인(華茵) : 화려한 자리.
363) 난영주(蘭英酒) : 난초꽃을 띄운 술.
364) 하(荷) : 받들다.

齊唱望仙門365).

작품 해설

 태평성대에 임금의 은혜를 칭송하고 있다. 상편에서는 연꽃이 만개한 여름날에 무녀가 아름다운 춤을 추는 모습을 묘사했고, 하편에서는 이러한 태평성세를 누리며 살아가는 것은 응당 임금의 은혜이니 술잔 가득 채워 임금의 장수를 기원하자는 화자의 권면을 노래했다.

---

365) 〈망선문(望仙門)〉: 곡조명으로 안수의 이 작품 마지막 구에서 사조명으로 삼았다.

110. 사람들이 모두 부귀와 장수를 기원하네

옥 같은 이슬에 가을바람 서리고 달은 마침 둥근데,

누대에 일찌감치 찬 기운이 감돈다네.

채색 마루에서 화려한 연회를 벌이니,

수놓은 아름다운 자리가 늘어섰네.

신선의 세상에서도,

장수를 기원해 주네.

환호와 화색이,

함께 금향로의 짙은 연기에 어우러지네.

맑은 노래와 교태 어린 춤,

가득한 악기 소리,

석류꽃이 술잔에 가득 떠 있네.

사람들이 모두 부귀와 장수를 기원하네.

석양이 쉬이 지게 하지 마시길,

취한 신선들이 머물러 있으니.

長生樂

玉露金風月正圓, 臺榭早涼天. 畫堂嘉會, 組繡366)列芳筵. 洞府星辰龜鶴367), 來添福壽. 歡聲喜色, 同入金爐濃煙.
清歌妙舞, 急管繁弦, 榴花滿酌觥船. 人盡祝、富貴又長年. 莫教368)紅日西晚, 留著醉神仙.

작품 해설

 가을날의 연회가 끝나는 것에 대한 아쉬운 심정을 표현했다. 이 작품은 작가가 자신의 생일을 자축한 자수사(自壽詞)로, 시간의 연장을 통해 생의 유한함을 극복하고자 하는 화자의 의지가 드러나고 있다.

---

366) 조수(組繡) : 수놓다.
367) 동부성신구학(洞府星辰龜鶴) : 신선의 세계를 가리킨다.
368) 막교(莫敎) : …으로 하여금 …하게 하지 말다.

111. 장수를 축원하네

낭원의 신선을 이 땅에서 보니,
푸른 바다의 시렁이 봉래와 영주에 펼쳐진 듯하네.
신선 세계의 문에서 서로 나아가,
문고리에 기대니 엷은 빛이 들어오네.
곳곳이 하늘에서 내린 꽃으로 어지럽고,
사방에 노랫소리 흩날리네.
초상화를 마주하고 장수를 축원하며,
술잔에 가득 술을 부어 주네.

붉은 난새와 푸른 부절,
자색 봉황과 은빛 생황,
선녀 같은 시종들이 짝을 이루어 무지개구름처럼 다가오네.
걸음을 옮겨 가며 아침저녁으로 삼청신에게 절을 하네.
서왕모에게 금빛 조서를 전하며,
장수를 축원하네.

長生樂

閬苑神仙平地見, 碧海架蓬瀛369). 洞門相向, 倚金鋪370)微明. 處處天花撩亂, 飄散歌聲. 裝眞371)筵壽, 賜與流霞滿瑤觥372). 紅鸞翠節373), 紫鳳銀笙, 玉女雙來近彩雲. 隨步朝夕拜三青374). 爲傳王母金籙375), 祝千歲長生.

작품 해설

생일을 맞이해 도교의 신들을 거론하며 장생을 기원하고 있다. 사가들은 이 작품을 송(宋) 태종(太宗)의 여덟째 아들이자 인종(仁宗)의 숙부인 형왕(荊王) 조원엄(趙元儼)의 생일연을 축하한 작품으로 추정한다. 화자는 조원엄을 도가의 신선과 같은 모습으로 그렸고, 또한 그가 사는 곳을 부귀하고 화려한 선계(仙界)로 묘사했다.

369) 봉영(蓬瀛) : 봉래(蓬萊)와 영주(瀛州) 등의 신선 세계를 의미한다.
370) 금포(金鋪) : 대문에 부착하는 동물 모양의 문고리.
371) 장진(裝眞) : 걸어 둔 초상화.
372) 요굉(瑤觥) : 술잔.
373) 취절(翠節) : 비췻빛의 새 깃털로 만든 부절(符節).
374) 삼청(三淸) : 도교의 최고신.
375) 금록(金籙) : 도교에서 천제의 조서를 가리킨다.

112. 거북이 학 소나무처럼 오래오래 살며

가을바람 한바탕 불어와 화려한 부채를 놀라게 하니,
한껏 단장한 연꽃이 교태 부리며 날리는데,
연꽃은 꺾이기를 바란다네.
풀 가에 내린 이슬과 여기저기서 들리는 풀벌레 소리,
주렴 가에 돌아온 제비는 머물지를 않네.

누대를 청소하고 작은 뜰의 문을 열어,
사방에서 즐거움을 찾으려 하니,
금술잔을 비게 하지 마시게나.
거북이 학 소나무처럼 오래오래 살며,
〈양춘곡〉을 천년만년 부르고 싶네.

蝶戀花

一霎秋風驚畫扇, 艶粉嬌紅, 尚拆荷花面. 草際露垂蟲響遍, 珠簾不下留歸燕.
掃掠376)亭台開小院, 四坐淸歡, 莫放金杯淺. 龜鶴命長松壽遠,

---

376) 소략(掃掠) : 청소하다.

陽春一曲377)情千萬.

작품 해설

　장수하며 오래도록 즐기고 싶은 소망을 담고 있다. 상편에서는 화선과 꺾이기를 바라는 연꽃 등을 통해 아름다운 여인을 비유했고, 하편에서는 이들과 함께 즐기는 연회에서 그 즐거움이 오래도록 지속되길 바라는 화자의 소망을 노래했다.

---

377) 양춘일곡(陽春一曲) : 악곡 중 하나다.

113. 종남산의 신선처럼 오래 살길 기원하네

자색 국화는 막 피어나고 붉은 무궁화는 떨어지고,
밝은 달빛 맑은 바람,
점점 가을 색이 깊어 가네.
시간은 어느새 하늘빛 맑은 가을이고,
은빛 병풍 다 펼쳐져 있으니 멀리 산이 푸르네.

수놓은 장막 말아 올리니 향내와 등불이 일렁이고,
악기 연주 정점에 이르러,
모두가 서로 장수를 축원하네.
술잔에는 술이 가득하고 춤추는 소매는 엉기는데,
종남산의 신선처럼 오래 살길 기원하네.

蝶戀花

紫菊初生朱槿墜, 月好風淸, 漸有中秋意. 更漏378)乍長天似水,
銀屛展盡遙山翠.

378) 경루(更漏) : 원래는 물시계이지만 여기서는 세월 또는 시간을 의미한다.

繡幕卷波香引穗379), 急管繁弦, 共慶人間瑞380). 滿酌玉杯縈舞袂, 南春381)祝壽千千歲.

작품 해설

 깊은 가을날의 연회에서 서로의 장수를 기원하고 있다. 특히 하편에서는 절정에 이른 연회의 모습을 묘사하고 있는데, 술 마시며 노래와 춤을 즐기는 사람들이 서로의 장수를 기원하는 것으로 마무리했다.

---

379) 수(穗) : 등불.

380) 인간서(人間瑞) : 인간 세상의 상서로움으로 여기서는 장수를 뜻한다.

381) 남춘(南春) : 신선들이 사는 종남산(終南山).

114. 더미 중에 이미 새로운 연꽃이 피었다네

옥잔에 한기가 서리니 더위가 가시고,
푸른 대자리 비단 휘장,
오후에 몽롱하게 졸고 있네.
앵무새 재잘재잘 나에게 말하는 듯하다,
까닭 없이 화선에 놀라 날아가네.

비 그친 후 막 청량한 기운 물가에 생겨나니,
활짝 핀 연꽃이,
멀리서 마주하고 있는 것 같네.
붉은 꽃봉오리 보니 꽃술을 안고,
더미 중에 이미 새로운 연꽃이 피었다네.

蝶戀花

玉椀冰寒消暑氣, 碧簟382)紗廚383), 向午朦朧睡. 鶯舌惺松384)

382) 벽점(碧簟) : 푸른 대자리.
383) 사주(紗廚) : 비단 휘장.
384) 성송(惺松) : 경쾌한 소리.

如會意, 無端畫扇驚飛起.
雨後初涼生水際, 人面荷花, 的的遙相似. 眼看紅芳猶抱蕊[385],
叢中已結新蓮子.

작품 해설

    한여름에 연꽃을 감상하며 피서하는 모습을 묘사하고 있다. 상편에서는 비단 휘장으로 가려진 푸른 대자리 위에서 더위를 피해 나른한 오후를 보내고 있는 화자의 부귀한 모습을 그렸고, 하편에서는 피서하며 목도한 연꽃의 모습을 노래했다.

385) 포예(抱蕊) : 꽃술을 감싸고 있는 모양.

115. 붉은 주렴 친 밤에 달빛만 몽롱하네

배나무 잎에 붉은 꽃은 떨어지고 매미 소리는 잦아들어,
은하수와 높은 바람 가운데,
옥피리 소리 처량하네.
베개와 대자리 갑자기 서늘해지고 물시계 소리도 삼키듯 멎고,
누가 제비를 그리 쉽게 떠나게 했는지?

풀 더미에 귀뚜라미 여전히 우는데 구슬 같은 이슬은 맺혀 있고,
밤새 술 마시고 깨어 돌아가니,
봄 지나간 때 알지 못하네.
마음속의 많은 생각 다 말하지 못하고,
붉은 주렴 친 밤에 달빛만 몽롱하네.

蝶戀花

梨葉疏紅蟬韻歇, 銀漢風高, 玉管聲凄切. 枕簟乍涼銅漏咽, 誰教社燕386)輕離別.
草際蛩吟珠露結, 宿酒醒來, 不記歸時節. 多少衷腸387)猶未說,朱簾一夜朦朧月.

작품 해설

　가을을 맞이하며 느끼는 정경과 정회를 그리고 있다. 상편에서는 이른 가을의 정경을 '높은 바람' '서늘해진 대자리' '강남으로 떠나는 제비' 등의 경물을 통해 묘사했고, 하편에서는 밀려드는 여러 생각으로 복잡한 화자의 심경을 노래했다.

---

386) 사연(社燕) : 제비는 음력 9월 9일 중양절에 강남으로 갔다가 3월 3일 삼짇날에 돌아오는데, 봄에 찾아왔다가 가을에 떠난다고 해서 사연(社燕)이라 칭한다.

387) 충장(衷腸) : 마음속에 품은 생각이나 감정.

116. 해마다 오늘처럼 경사스럽길 기원하네

경사스런 생신,
경사스런 생신에 천수를 기원하네.
고상한 연회를 열어,
화당에 친지들이 모두 모였다네.
전함에는 국부인의 조서가 있어,
진지한 얼굴로 임금의 조서를 받는다네.
황은에 감사하고,
궁궐을 향해 절하니 황제의 은혜가 가득하네.

오늘 아침 장수를 축원하고,
장수를 축원하며,
소나무와 참죽나무보다 오래기를 소망하네.
좋은 술을 가득 채우고,
달 아래 치성을 드리네.
단박 치는 소리,
난초 향 한 줄기.
생신 맞이한 그대 장수하시고,
해마다 오늘처럼 경사스럽길 기원하네.

拂霓裳

慶生辰, 慶生辰是百千春. 開雅宴, 畫堂高會有諸親. 鈿函[388]封大國[389], 玉色[390]受絲綸[391]. 感皇恩, 望九重、天上拜堯雲[392].
今朝祝壽, 祝壽數, 比松椿. 斟美酒, 至心如對月中人. 一聲檀板動, 一炷蕙香焚. 禱仙眞[393]. 願年年今日、喜長新.

작품 해설

　생일을 맞아 장수를 기원하는 마음을 표현했다. 생일을 맞이한 이는 작가의 아내다. 상편에서는 화자의 아내가 국부인의 조서를 받고 황은에 감사하는 모습에 대해 묘사했고, 하편에서는 아내의 장수를 기원하는 작가의 진실한 마음을 노래했다.

388) 전함(鈿函) : 조서를 담은 상자.
389) 봉대국(封大國) : 국부인에 봉함을 의미한다.
390) 옥색(玉色) : 엄숙하고 진지한 모습.
391) 사륜(絲綸) : 비단으로 엮은 황제의 조서.
392) 요운(堯雲) : 임금의 은택.
393) 선진(仙眞) : 생일을 맞이한 당사자.

117. 장수를 바라며 술잔을 올린다네

가을날의 풍성함을 기뻐하니,
집집마다 백성이 넉넉히 태평함을 즐긴다네.
가을바람 잔잔하고,
연못의 물결무늬 곱네.
밤에 비단 장막은 이슬에 젖고,
병풍 안으로는 한기가 깃드네.
아름다운 연회 펼쳐져,
화로 속에 난초 향기와 새로운 노래가 어울리네.

신선들의 우아한 모임처럼,
이날의 모임,
신선 세계에 있는 것 같네.
악기 소리 맑고,
날리는 붉은 옷소매 선녀를 배운 것 같네.
세월은 잠시도 멈추지 않으니,
기쁘게 취하고 이 마음 즐기세.
그대의 생일을 경축하네.
장수를 바라며 술잔을 올린다네.

拂霓裳

喜秋成, 見千門萬戶樂昇平. 金風細, 玉池波浪穀文[394]生. 宿露沾羅幕, 微涼入畫屏. 張[395]綺宴, 傍熏爐蕙炷、和新聲. 神仙雅會, 會此日, 象蓬瀛. 管弦淸, 旋翻紅袖學飛瓊[396]. 光陰無暫住, 歡醉有閒情. 祝辰星. 願百千爲壽、獻瑤觥.

작품 해설

　가을날 풍성한 연회에서 장수를 기원하고 있다. 하편의 마지막 구절을 통해 벌어진 연회의 취지가 생일 축하라는 것을 짐작할 수 있다. 전편을 통해 풍성하고 선선한 가을날 생일연에서 신선처럼 즐기는 화자의 만족스럽고 황홀한 감정이 선명히 드러난다.

---

394) 곡문(縠文) : 무늬.
395) 장(張) : 펼치다.
396) 비경(飛瓊) : 천상의 선녀.

118. 옥술잔 앞에서 깊이 취한들 어떠하리

가을날을 기뻐하고,
늦게 핀 연꽃에 구슬 같은 이슬이 맺혀 있네.
시원한 바람 불어와 좋은 날,
차가운 안개 속에 줄지어 가는 기러기들.
생황을 불며 박자를 맞추고,
금(琴)의 줄을 조정하네.
술잔을 받들며,
소리소리 태평성대를 제창하네.

인생살이,
이별은 쉽고,
만남은 어렵네.
한가할 때,
좋은 친구들과 아름다운 연회 벌이세.
가을 서리는 세월을 재촉하고,
바람과 이슬은 젊음을 앗아 가네.
즐거움이 아쉽다네.
옥술잔 앞에서 깊이 취한들 어떠하리?

拂霓裳

樂秋天, 晚荷花綴露珠圓. 風日好, 數行新雁貼寒煙. 銀簧397)
調脆管, 瓊柱撥淸弦. 捧觥船, 一聲聲、齊唱太平年.
人生百歲, 離別易, 會逢難. 無事日, 剩呼賓友啟芳筵. 星霜398)
催綠鬢, 風露損朱顏. 惜淸歡. 又何妨、沈醉玉尊前.

작품 해설

한가한 때 성대한 연회를 벌이고 즐기는 모습을 노래하고 있다. 상편에서는 서늘한 바람이 불어오는 상쾌한 가을날의 정경을 묘사했고, 하편에서는 이러한 가을날에 술 마시며 충분히 즐길 것을 격려했다.

397) 은황(銀簧) : 생황을 부는 은색 부위를 가리킨다.
398) 성상(星霜) : 가을날의 서리.

119. 세상에 이런 꽃은 없다네

향기 나는 연꽃은 많은 새 꽃술을 토해 내고,
붉고 하얀 꽃잎이 고루 펼쳐졌네.
한 송이가 화당 가까이 피었으니,
사람들처럼 궁궐의 화장법을 배운 듯하네.

연꽃을 감상하며 좋은 술을 마시고,
모두가 천수를 기원하네.
곡조의 아름다움은 다했는데,
세상에 이런 꽃은 없다네.

菩薩蠻

芳蓮九蕊399)開新艷, 輕紅淡白勻雙臉. 一朵近華堂, 學人宮樣妝400).
看時斟美酒, 共祝千年壽. 銷得曲中誇, 世間無此花.

---

399) 구예(九蕊) : 많은 꽃술.

400) 궁양장(宮樣妝) : 궁궐 안의 화장법.

작품 해설

　연회에서 연꽃을 감상하는 즐거움을 묘사하고 있다. 상편에서는 연꽃의 아름다움을 궁궐 화장에 비유했다. 하편에서는 술 마시며 이를 즐기니 그 아름다움이 세상에 비할 꽃이 없다고 감탄하는 화자의 경의를 노래했다.

120. 가을꽃 중에 최고는 황금빛 규화

가을꽃 중에 최고는 황금빛 규화,
하늘이 부여한 아름다움으로 가을 아침을 맞이하네.
여도사들이,
옅게 화장하고 단장한 것 같네.

새벽이 되어 맑은 이슬이 떨어지니,
금술잔이 기울어진 듯하네.
푸른 귀밑머리에 꽂으니,
서왕모와 같네.

菩薩蠻
秋花最是黃葵好, 天然嫩態迎秋早. 染得道家衣401), 淡妝梳洗時.
曉來淸露滴, 一一金杯側402). 插向綠雲鬢, 便生王母仙.

401) 도가의(道家衣) : 여도사들의 소박한 복장.
402) 금배측(金杯側) : 황금빛 규화의 고개 숙인 모습이 금술잔이 기울어진 듯함을 말한다.

작품 해설

  가을날 황금빛 규화의 아름다운 모습을 묘사했다. 먼저 화자는 상편에서 규화의 아름다움이 가을꽃 중에서 최고라고 감탄했다. 이어서 하편에서는 이슬 머금은 규화의 '금술잔이 기울어진 듯한' 모습이 귀여워 여인의 귓가에 꽂으니 그 아름다움이 서왕모와 같다고 노래하며 상편의 감탄을 더욱 고조시키고 있다.

121. 사람들은 모두가 노란 규화가 단아하다고 말하지만

사람들은 모두가 노란 규화가 단아하다고 말하지만,
나는 노란 규화가 요염하다고 설명하네.
어찌 보아도 다 예뻐,
애써 꾸밀 필요가 없다네.

한 송이를 따서 금술잔처럼 받들며,
나를 위해 장수를 축원하네.
규화를 들어 머리 장식 만든 후,
그대와 아름다움 견주어 보네.

菩薩蠻
人人盡道黃葵淡, 儂家403)解說黃葵艶. 可喜404)萬般宜, 不勞朱粉施.
摘承金盞酒, 勸我千長壽. 擎405)作女眞冠406), 試伊嬌面看.

403) 농가(儂家) : 일인칭으로 자신을 가리킨다.
404) 가희(可喜) : 예뻐할 만하다.

작품 해설

　노란 규화의 아름다움을 노래했다. 먼저 상편에서는 화자가 발견한 규화의 요염한 모습에 대해 묘사했다. 이어 하편에서는 여인이 그 요염한 규화를 들고 화자의 장수를 축원해 주자 화자는 그 규화를 받아 여인과 아름다움을 비교하며 장난을 치는 모습을 노래했다.

405) 경(擎) : 들어 올리다.
406) 여진관(女眞冠) : 여도사의 머리 장식.

122. 사람 사이의 정은 오래 견뎌야 하지만

높은 오동나무 아래 가을빛이 완연하고,
아름다운 풀 더미 속의 노란 국화는 만개했네.
지난해처럼 난간 곁에 두세 이랑을 심었다네.

사람 사이의 정은 오래 견뎌야 하지만,
국화는 오래도록 그대로이네.
배우지 마시게,
꿀벌이 무심히 자유롭게 나는 것을.

菩薩蠻
高梧葉下秋光晚, 珍叢407)化出黃金盞. 還似去年時, 傍闌三兩枝.
人情須耐久, 花面長依舊. 莫學蜜蜂兒, 等閒408)悠揚409)飛.

407) 진총(珍叢) : 아름다운 풀 더미.

408) 등한(等閒) : 무심하게.

409) 유양(悠揚) : 높고 낮게 멈춤이 없이 나는 모양

작품 해설

　가을이면 어김없이 피어나는 국화의 모습을 통해서 사람 사이의 감정도 변함없이 지속되기를 바라는 화자의 심정을 노래하고 있다.

123. 다투어 젊음이 오래기를 바라네

눈 내린 가지의 매화 꽃술은 향이 옅고,
비단 장막에 가벼운 한기가 스며드네.
다정함은 봄날의 수양버들 같아,
좋은 시절을 다 차지하네.

아름다운 그대가 내게 술을 권하고,
붉은 소매를 휘날리며 춤을 추네.
세월은 쏜살같이 지나니,
다투어 젊음이 오래기를 바라네.

秋蕊香

梅蕊雪殘香瘦410), 羅幕輕寒微透. 多情只似春楊柳, 佔斷可憐時候.
蕭娘勸我杯中酒, 翻紅袖. 金烏玉兔411)長飛走, 爭得朱顔依舊.

410) 향수(香瘦) : 향이 옅은 것을 말한다.
411) 금오옥토(金烏玉兔) : 해와 달이지만 여기서는 세월을 가리킨다.

작품 해설

  연회 자리에서 젊음이 오래가기를 소망하고 있다. 상편에서는 이른 봄날 눈 위로 돋아나는 매화가 향이 짙지는 않음에도 한봄의 수양버들 못지않은 어여쁨을 갖추고 있음을 노래했다. 하편에서는 이렇게 좋은 날 사랑하는 이와 술을 마시며 젊을 때의 이 행복을 충분히 누리겠다는 화자의 다짐을 강조하고 있다.

124. 이대로 잠들지 못해도 좋으리

새벽에 눈꽃이 흩날려,
여기저기 분분히 성의 옥섬돌에 쌓이네.
그 누가 달 속의 계수나무를 잘라 부수어,
구슬구슬 옥밭에 흩뿌리는지.

아름다운 그대가 양쪽 눈썹을 찡그리고,
향기로운 소매를 휘저으며 춤을 추네.
오늘 아침 술 마시고 취하니,
이대로 잠들지 못해도 좋으리.

秋蕊香
向曉雪花呈瑞, 飛遍玉城瑤砌. 何人剪碎天邊桂412), 散作瑤田瓊蕊.
蕭娘斂盡雙蛾翠, 回香袂. 今朝有酒今朝醉, 遮莫413)更長無睡.

412) 천변계(天邊桂) : 달 속의 계수나무로, 여기서는 달을 가리킨다.
413) 차막(遮莫) : 설령 …라고 해도 좋다.

작품 해설

  눈 오는 날 술 마시며 즐기는 모습을 묘사했다. 상편에서는 새벽녘에 쌓이는 눈을 읊었고, 하편에서는 이렇게 아름다운 풍경 속에서 사랑하는 이를 옆에 두고 술을 마시니 이대로 그 좋은 기분이 계속되기를 바라는 화자의 소망을 노래했다.

125. 지는 꽃을 어찌하랴

봄빛이 점점 짙어지니,

해는 길어지고 물안개는 아득하네.

때마침 좋은 봄날이지만,

지는 꽃을 어찌하랴?

술에 취해 마음껏 높이 노래하는데,

애간장이 끊기는 수심을 이기기 어렵다네.

비단 창가에 돌아와,

아름다운 이가 다시 눈썹을 그리네.

相思兒令

春色漸芳菲也, 遲日滿煙波414). 正好艶陽415)時節, 爭奈落花何.
醉來擬恣416)狂歌, 斷腸中、贏得愁多. 不如歸傍紗窗, 有人重

---

414) 연파(煙波) : 물안개.

415) 염양(艶陽) : 화창한 봄날의 풍경.

416) 의자(擬恣) : 마음대로 하려고 하다.

畫雙蛾.

작품 해설

봄날 헤어진 연인을 그리워하고 있다. 상편에서는 봄 풍경이 절정에 달해 꽃이 곧 지려 함을 노래했고, 하편에서는 좋은 날에 연인과 함께하지 못해 수심에 잠긴 여인의 모습을 묘사하고 있다.

126. 사람의 마음을 천 갈래로 끌어당기네

어제 호숫가에서 봄을 즐기는데,
호수 위로 푸른 물결이 잔잔했네.
방초가 제방을 휘감고,
지난날 그 자리에 다시 풀이 돋아나네.

술잔 속의 술을 취할 때까지 마시고.
단판으로 박자 맞추며 새 곡을 노래한들 어떠리!
누가 수양버들을 천 개의 가지로 갈라놓았는지,
사람의 마음을 천 갈래로 끌어당기네.

相思兒令

昨日探春消息, 湖上綠波平. 無奈繞堤芳草, 還向舊痕417)生.
有酒且醉瑤觥, 更何妨、檀板新聲. 誰教楊柳千絲, 就中牽繫418)人情.

417) 구흔(舊痕) : 지난날에 풀이 났던 그 자리.
418) 견계(牽繫) : 끌어당기다.

작품 해설

   수양버들을 바라보며 느끼는 복잡한 심경을 노래했다. 상편에서는 호숫가에 다시 봄이 왔음을 서술했고, 하편에서는 봄날의 수심에 술을 마시며 노래해 보지만 1000갈래로 갈라진 수양버들처럼 이리저리 흔들리는 화자의 감정을 묘사했다.

127. 남은 것은 차가운 술과 식은 음식뿐이니 허무한 마음을 애써 감추네

우리 집은 서진에 있어,
작은 기예로 생계를 유지했네.
기루에서는 새로운 노래 부른다네.
우연히 〈염노교〉라는 곡을 배워 부르니
그 소리가 높은 구름을 멈추게 했네,
촉나라의 비단 수없이 쌓여,
내 노력을 저버리지 않았네.

수년간 경성 길을 오갔으나,
남은 것은 차가운 술과 식은 음식뿐이니 허무한 마음을 애써 감추네.
이 마음 누구에게 하소연하리!
만약 지음이 있어 알아준다면,
〈양춘곡〉 부르는 것을 사양하지 않겠네.
한 곡이 끝나자 눈물을 흘리고,
다시 비단 손수건으로 얼굴을 훔치네.

山亭柳

家住西秦, 賭博藝隨身. 花柳上、鬪尖新. 偶學念奴419)聲調, 有時高遏行雲. 蜀錦纏頭無數, 不負辛勤.
數年來往咸京420)道, 殘杯冷炙謾消魂. 衷腸事、托何人. 若有知音見採421), 不辭遍唱陽春422). 一曲當筵落淚, 重掩羅巾.

작품 해설

　서글픈 기녀의 삶을 대언체(代言體)423) 형식으로 노래하고 있다. 상편에서는 기루에서 노래하는 기녀가 그 노랫소리가 출중해 많은 비단을 얻을 수 있음에 대해 서술했다. 하편에서는 화려한 연회가 끝나면 홀로 외롭게 남겨지는 기녀의 덧없는 삶에 대해 동정을 느끼는 화자의 내심을 묘사했다.

419) 염노(念奴) : 〈염노교(念奴嬌)〉로 곡조명이다.
420) 함경(咸京) : 함양(咸陽)으로 진대(秦代)의 수도.
421) 견채(見採) : 알아주다.
422) 양춘(陽春) : 〈양춘곡(陽春曲)〉으로 곡조명이다.
423) 대언체(代言體) : 남을 대신해서 말하는 문체를 말한다.

128. 두 사람 서로 그리워만 하겠지

매화와 물시계가 봄소식을 전해 오니,
버들개지 길고,
새싹은 푸르네.
세월이 흘러 귀밑머리 하얗게 되는 것도 알지 못하네.
다만 좋은 시절을 생각하며 애석해할 뿐.

난당에서 술잔을 들고 객들과 모여,
이별 연회 열자,
떠나려는 이가 잠시 멈추네.
천 리 간에 떨어지면 소식도 드물겠지.
두 사람 서로 그리워만 하겠지.

滴滴金
梅花漏洩春消息, 柳絲長, 草芽碧. 不覺星霜鬢邊白. 念時光堪惜.
蘭堂把酒留嘉客, 對離筵, 駐行色424). 千里音塵425)便疏隔. 合

---

424) 행색(行色) : 떠나는 모습.

有人相憶.

작품 해설

봄날 이별 연회에서 느끼는 정회를 노래했다. 상편에서는 세월이 흘러 또 봄이 오자 지난날의 즐거웠던 시간을 떠올리는 화자의 모습을 묘사했다. 이어서 화자는 하편에서 봄날의 이별연이 열리니 연회가 끝나고 헤어지면 그리움만 더할 것이라는 아쉬움과 섭섭함을 토로했다.

425) 음진(音塵) : 소식.

129. 서리 맞은 연꽃 한 송이 가을 색이 더해 가는데

서리 맞은 연꽃 한 송이 가을 색이 더해 가는데,
새벽이슬을 맞아 먼저 꺾이니 서운하네.
아름다운 그대처럼 홀로 성에 기대어,
붉은 난간 곁에서 은근히 소식을 전한다네.

고요히 소슬한 가을바람을 마주하니,
금빛 꽃술이 드러나 분홍 가루가 떨어지네.
난당 깊은 곳에 기꺼이 옮겨,
서늘한 밤 차가운 이슬을 맞지 않게 하네.

睿恩新

芙蓉一朵霜秋色, 迎曉露、依依426)先拆. 似佳人、獨立傾城, 傍朱檻、暗傳消息.
靜對西風脈脈427), 金蕊綻、紛紅如滴. 向蘭堂、莫厭428)重深,

---

426) 의의(依依) : 서운하고 아쉬운 모양.

427) 맥맥(脈脈) : 가을바람이 소슬한 모양.

428) 막염(莫厭) : 사양하지 않다.

免淸夜、微寒漸逼.

작품 해설

   차가운 가을날 지고 있는 연꽃의 모습을 묘사했다. 상편에서는 가을 연꽃이 성숙한 아름다움을 뽐내며 마지막을 준비하고 있는 모습에 대해 노래했고, 하편에서는 본격적으로 가을바람이 불어 잎이 하나씩 떨어진 후 꽃술마저 드러나자 그 모습이 안타까워 밤이슬을 맞지 않게 그것을 난당으로 옮기는 화자의 배려를 읊었다.

130. 섬돌 가 붉은 연꽃에

섬돌 가 붉은 연꽃에,
구슬 같은 이슬이 내려 특히 아름답네.
교초를 잘라 향기로운 꽃봉오리 만들고.
채색 실을 나누어 아름다운 꽃술을 이루었네.

밤이 되자 꽃들이 시들려 하는데,
연꽃은 한 송이 한 송이 가을빛을 펼쳐 내네.
비녀를 머리에 꽂고 아름다운 그대를 기다리는 듯,
봉황 머리가 바람을 따라 하늘거리네.

睿恩新

紅絲一曲傍階砌, 珠露下、獨呈纖麗. 剪鮫綃429)、碎作香英, 分彩線、簇成嬌蕊.

429) 교초(鮫綃) : 전설에서 교인(鮫人)이 생사로 짠 직물. 교인은 남해의 물속에서 물고기처럼 살면서 쉬지 않고 비단을 짰던 인어(人魚)를 말한다. 《박물지(博物志)》 권2의 기록에 따르면 이 인어는 비단 짜는 솜씨가 아주 뛰어났으며 이렇게 짠 비단으로 옷을 해서 입으면 물에 들어가도 젖지 않았다고 한다.

向晚群花欲悴, 放朵朵、似延秋意. 待佳人、揷向釵頭, 更裊裊430)、低臨鳳髻431).

작품 해설

한껏 아름다움을 뽐내고 있는 초가을 연꽃의 모습을 노래하고 있다. 상편에서는 이슬이 내렸으나 교초같이 부드럽고 물에 젖지 않는 연꽃잎이 봉오리를 이루고 그 안에 채색 실처럼 꽃술을 품고 있는 모습에 대해 그렸다. 하편에서는 밤바람에 흔들거리는 연꽃을 애타게 연인을 기다리고 있는 모습으로 묘사했다.

---

430) 요뇨(裊裊) : 하늘거리는 모양.
431) 봉계(鳳髻) : 봉황 모양의 묶음 머리.

131. 곳곳의 버들과 꽃향기 소매에 가득하네

성의 봄은 따뜻하고,
궁궐의 버드나무 빈 정원에 어둡게 드리웠네.
제비가 쌍쌍이,
주렴 휘장을 건드리네.
여자들 서로 손잡고 숲길을 돌며,
도화를 꺾어 귀밑머리에 붉게 꽂았다네.

어젯밤 새벽 가랑비가 내리고,
새로운 꽃봉오리 꽃 더미 속에서 피었네.
말과 가마를 타고 서쪽 연못에서 만나니
곳곳의 버들과 꽃향기 소매에 가득하네.

玉堂春

帝城春暖, 禦柳暗遮空苑. 海燕雙雙, 拂揚簾櫳. 女伴相攜、共繞林間路, 折得櫻桃插髻紅.
昨夜臨明432)微雨, 新英遍舊叢. 寶馬香車、433) 欲傍西池看, 觸

---

432) 임명(臨明) : 새벽.

處434)楊花滿袖風.

작품 해설

  도성의 봄날을 즐기는 남녀의 모습을 묘사하고 있다. 상편에서는 어둠이 내린 정원에서 꽃을 꽂고 꾸미며 분주히 준비하는 여자들의 즐거운 모습을 노래했고, 하편에서는 새벽 비가 그치고 봉오리를 틔운 꽃 더미 주변의 연못에서 말과 가마를 타고 와서 서로 만나는 남녀의 유쾌한 모습을 서술했다.

433) 보마향거(寶馬香車) : 남자와 여자가 타는 말과 가마를 말한다.
434) 촉처(觸處) : 곳곳에.

132. 눈앞에 선명한 꽃향기 아쉽기만 하네

후원에 봄은 일러,

잔설이 여전히 남아 초목 사이에 뿌옇다네.

찬 매화 여러 나뭇가지에서,

꽃봉오리를 틔우려 하네.

아가씨들 괜스레 매화꽃 꺾어 꽂고,

금술잔 가득 채워 조금씩 기울이네.

옛날 짝을 떠올리며,

깊이 생각하니 많은 감정 일어나네.

봄바람이 어지러이 불어와,

다시금 꽃을 떨구니,

눈앞에 선명한 꽃향기 아쉽기만 하네.

玉堂春

後園春早, 殘雪尚濛435)煙草. 數樹寒梅, 欲綻香英. 小妹無端、折盡釵頭朵, 滿把金尊細細436)傾.

435) 몽(濛) : 가랑비가 내려 뿌연 모양.

憶得往年同伴, 沈吟無限情. 惱亂437)東風、莫便吹零落, 惜取芳菲眼下明.

작품 해설

　이른 봄날의 모습과 정회를 노래했다. 상편에서는 잔설 사이에서 매화가 꽃봉오리를 틔우고 이른 봄이 왔음을 알리는 것을 묘사했고, 하편에서는 지난봄에 함께했던 사람을 떠올리니 아쉬운 마음만이 일어난다는 화자의 고백을 서술했다.

---

436) 세세(細細) : 술잔을 조금씩 기울이는 모양.
437) 뇌란(惱亂) : 어지럽다.

133. 약속대로 숲속에 앉아 석양을 바라보네

두성의 지관,
삼월의 바람과 안개가 따스하네.
수놓은 주렴 창에,
해그림자는 길다네.
옥빛 고삐와 금빛 안장,
모래는 제방 길을 휘감네.
행인 지나는 곳곳에 푸른 버들이 비치네.

작고 붉은 난간에 기대니,
꽃들에 맺힌 짙은 이슬 향기가 나네.
맑은 악기 소리에 새 곡조가 더하고,
약속대로 숲속에 앉아 석양을 바라보네.

玉堂春
斗城438)池館439), 二月風和煙暖. 繡戶珠簾, 日影初長. 玉轡金

---

438) 두성(斗城) : 북송(北宋) 시기의 변량(汴梁), 지금의 허난성(河南城) 카이펑(開封)]을 뜻한다.

鞍、繚繞沙堤路, 幾處440)行人映綠楊.
小檻朱闌回倚, 千花濃露香. 脆管淸弦、欲奏新翻曲, 依約441) 林間坐夕陽.

작품 해설

　이른 봄날의 풍경과 이를 즐기는 남녀의 모습을 그리고 있다. 상편에서는 변량 관사의 연못가에 봄 풍경이 만연함을 묘사했고, 하편에서는 봄 향기가 가득한 날에 난간에 기대어 음악 소리와 석양을 감상하는 연인의 모습을 읊었다.

---

439) 지관(池館) : 연못이 있는 관사.
440) 기처(幾處) : 곳곳에.
441) 의약(依約) : 약속대로.

134. 이러한 좋은 만남이 오래기를 바란다네

한 쌍의 제비가 돌아와 화당을 맴도니,
들보에 미련이 남은 듯하네.
맑은 바람 밝은 달 좋은 시절이니,
어찌 연회를 벌이지 않으리!

구름 적삼 입은 시녀,
술을 계속 따라 주는데,
생황 연주가 더해지네.
사람들의 마음은 옥로 향기에 취했네.
이러한 좋은 만남이 오래기를 바란다네.

燕歸梁
雙燕歸飛繞畫堂, 似留戀虹梁442). 淸風明月好時光, 更何況、綺筵張.
雲衫443)侍女, 頻傾壽酒, 加意444)動笙簧. 人人心在玉爐香. 慶

---

442) 홍량(虹梁) : 화려한 들보.
443) 운삼(雲衫) : 구름같이 날리는 적삼.

佳會、祝延長.

작품 해설

　아름다운 봄날의 모습과 연회를 묘사했다. 먼저 상편에서는 맑은 바람이 불고 달빛이 좋은 봄날이 돌아오니 연회를 벌이지 않을 수 없는 화자의 흥겨움을 읊었고, 이어 하편에서는 아름다운 기녀와 함께하고 좋은 음악도 더해지니 오늘 같은 만남이 계속되기를 바라는 화자의 소망을 노래했다.

---

444) 가의(加意) : 특별히 더하다.

135. 신선처럼 오래 살길 바라네

금빛 오리 모양 향로에서 상서로운 연기가 피어나고,
벌어진 연회에서 교묘한 춤사위가 드러나네,
〈양춘곡〉을 붉은 현으로 연주하니,
좋은 술을 따르고 술잔을 띄우네.

중추절에,
바람은 맑고 이슬은 서늘하니,
아직 아침이 차네.
번도화는 천년을 핀다네.
신선처럼 오래 살길 바라네.

燕歸梁
金鴨香爐起瑞煙445), 呈妙舞開筵. 陽春一曲動朱弦, 斟美酒、泛鳧船.
中秋五日, 風淸露爽, 猶是早涼天. 蟠桃446)花發一千年. 祝長

---

445) 서연(瑞煙) : 상서로운 연기.

446) 반도(蟠桃) : 3000년마다 한 번씩 열매가 열린다는 신선 세계의

壽、比神仙.

작품 해설

    초가을에 벌인 연회에서 장수를 기원하고 있다. 상편에서는 가무와 함께 술을 마시는 연회 장면을 묘사했고, 하편에서는 이러한 연회를 빌려 모두 건강히 오래 살기를 바라는 화자의 심정을 노래했다.

복숭아.

136. 그대와 만난 것이 가장 마음 아픈 일이 되었네

자선당에서 30년,
옛사람은 거의 모두 사라졌네.
그대와 만난 것이 가장 마음 아픈 일이 되었네.
술잔의 술은 예전과 같아 오직 지난 일만을 이야기하네.

이번 이별에는 애써 마셔야 하니,
장정의 잔설이 바람에 부서지네.
그대가 황궁에 다시 돌아오길 기다리겠네.
황제의 궁전에서 옛일을 생각하며,
아침저녁으로 황명을 받드네.

臨江仙

資善堂447)中三十載, 舊人多是凋零. 與君相見最傷情. 一尊如舊, 聊且448)話平生.

447) 자선당(資善堂) : 자선(資善)은 '어진 성품을 기른다'라는 뜻으로, 자선당은 송대(宋代)에 황제들이 공부하던 곳이다.
448) 요차(聊且) : 오직.

此別要知須強飮, 雪殘風細長亭. 待君歸覲九重城. 帝宸449)思舊, 朝夕奉皇明.

작품 해설

   황궁에서 함께하던 벗에 대한 그리움을 노래했다. 상편에서는 황궁의 자선당에서 벗을 만났던 일을 회상했고, 하편에서는 그 벗과 헤어지는 슬픔을 표현했다.

---

449) 제신(帝宸) : 황제의 궁전.

137. 어찌 사람들은 늘 이별해야 하는지

천만 갈래로 갈라진 버드나무,
좋은 시절을 다 차지하네.
여인은 늦봄에 수심으로 가득하고,
어지러운 마음이 눈처럼 흩날리네.

단정에서 서로 이별하니,
오래도록 추억하며 술에 취해 버드나무 당겨 꺾네.
해마다 좋은 시절은 다시 오는데,
어찌 사람들은 늘 이별해야 하는지.

望漢月

千縷萬條堪結, 佔斷好風良月. 謝娘春晚先多愁, 更撩亂、絮飛如雪.
短亭相送處, 長憶得、醉中攀折450). 年年歲歲好時節. 怎奈尙、有人離別.

450) 반절(攀折) : 꽃을 잡아당겨 꺾다.

작품 해설

　버드나무가 늘어진 봄날에 이별의 슬픔을 노래하고 있다. 상편에서는 버드나무 가에서 이별을 앞둔 여인의 수심을 묘사했고, 하편에서는 구체적인 이별의 장면을 그리며 언제나 인간사에 존재하는 이별에 대해 한탄했다.

138. 해마다 오늘 같기를 바라네

하늘에 가을바람 이르고,

주렴 장막에 찬 기운 서리네.

붉은 무궁화는 여전히 피어 있고,

붉은 연꽃도 그대로 벌어져,

꽃봉오리에 수술을 머금고 있네.

옛 둥지로 갔던 제비가 다시 돌아와 높은 처마를 건드리니,

오동잎이 떨어지네.

화려한 연회 새벽에 시작되어

금빛 오리 향로 안에서 가는 연기가 피어나네.

관현악기 소리에,

맑은 노래 교묘한 춤,

유희가 가득 드러나네.

신선처럼 오래도록 살며,

해마다 오늘 같기를 바라네.

連理枝

玉宇451)秋風至, 簾幕生涼氣. 朱槿猶開, 紅蓮尚拆, 芙蓉含蕊.
送舊巢歸燕拂高簷, 見梧桐葉墜.
嘉宴凌晨啟, 金鴨飄香細. 鳳竹鸞絲,452) 淸歌妙舞, 盡呈遊藝.
願百千遐壽453)此神仙, 有年年歲歲.

작품 해설

　가을날 새벽에 열린 연회에서 장수를 기원하고 있다. 상편에서는 초가을의 정경을 노래했고, 하편에서는 새벽부터 벌인 연회에서 느끼는 화자의 흥겨움과 오래 살고픈 장수의 바람을 읊었다.

---

451) 옥우(玉宇) : 하늘의 미칭.

452) 봉죽난사(鳳竹鸞絲) : 관악기와 현악기.

453) 하수(遐壽) : 장수.

139. 영원히 자유롭게 도를 받들기를 바라네

푸른 나무에 지친 꾀꼬리 소리,
우물가에 이른 가을빛이 생겨나네.
춥지도 덥지도 않은 날씨에,
몸에 맞게 옷을 재단하니,
마침 날이 좋다네.
더구나 난당에서 천수연을 벌이니,
향로에 연기가 슬며시 피어오르네.

화려하고 교묘하게 수놓은 옷을 입고,
아름다운 춤을 추네.
좋은 술을 계속 기울이고,
붉고 푸른 관현악기를 연주하니,
여러 번 궁조가 바뀌네.
금술잔 들고 장수를 거듭 기원하며,
영원히 자유롭게 도를 받들기를 바라네.

連理枝

綠樹鶯聲老454), 金井生秋早. 不寒不暖, 裁衣按曲,455) 天時正好. 況蘭堂逢著壽筵開, 見爐香縹緲.
組繡456)呈纖巧, 歌舞誇妍妙. 玉酒頻傾, 朱弦翠管, 移宮易調.
獻金杯重疊祝長生, 永逍遙457)奉道.

작품 해설

 초가을에 열린 연회에서 장수와 평온한 삶을 소망하고 있다. 우선 상편에서는 이른 가을날 열린 연회의 장면을 묘사했고, 이어서 하편에서는 가무 및 음악과 술을 통해 연회를 즐기는 화자의 감정을 그리고 있다.

---

454) 성로(聲老) : 지친 소리.
455) 재의안곡(裁衣按曲) : 몸에 맞추어 옷을 만들다.
456) 조수(組繡) : 화려하게 수놓다.
457) 소요(逍遙) : 자유자재.

140. 오직 그리움만은 끝이 없네

장정 옆길의 푸른 버들과 향기로운 풀,
젊은 시절은 사람을 저버리고 쉽사리 떠나가네.
누각 끝에서 들려오는 오경의 종소리에 잠은 오지 않고,
꽃 아래에서 이별의 슬픔은 삼월의 비처럼 젖어 드네.

무정함은 다정함처럼 고통스럽지 않아,
작은 마음은 천만 갈래로 나뉜다네.
하늘과 땅은 언젠가 끝나지만,
오직 그리움만은 끝이 없네.

玉樓春
綠楊芳草長亭路, 年少抛人容易去. 樓頭殘夢五更鐘, 花底離情三月雨.
無情不似多情苦, 一寸還成千萬縷. 天涯地角有窮時, 只有相思無盡處.

작품 해설

　이 작품은 앞서 5번의 〈목란화(木蘭花)〉와 사조(詞調)의 이름만 다를 뿐, 내용은 동일하다.

해 설

　문학은 인류의 삶을 고스란히 담고 있다. 사실이든 가공이든, 그리고 설사 가공된 것이라 하더라도 그것은 인간과 세상을 기초로 그들과 그곳의 이야기를 토로하기에 충분하다.

　중국 문학 역시 오랜 시간 중국이라는 공간에서 살았던 이들의 정서와 모습을 여러 형식을 통해 드러낸다. 시(詩)는 시대로, 사(詞)는 사대로, 곡(曲)은 곡대로, 소설(小說)이나 산문(散文)은 소설이나 산문대로, 각각의 특징을 발휘하며 그들을 위로했고, 받아 주고 다독였다.

　그런데 특히 이 중 사 문학(詞文學)은 중국의 문학 형식 중 가장 정적인 감정 문학이다. 문학 속에 감정이 분출되고 이입되는 것은 지극히 당연하지만, 중국 역대의 문인들은 각각의 형식에 맞추어 공개해야 할 자신들의 내면을 구분하고 그 표현의 수위와 정도를 조절했다. 따라서 사 문학에는 아무에게나 그리고 아무 곳에서나 보일 수 없는 은밀한 감정과 속내가 적나라하게 드러난다. 이러한 현상을 학자들은 문체 분업(文體分業)이라고 지칭한다. 문체 분업이란 '각각의 문체는 그에 부합하는 감정의 뭉치가 있어, 각 문체에 가장 적절한 감정의 뭉치를 노출한다는 것'이다. 결국 시에 노출할 수 있는 감정의 뭉치가 있고, 사에 노출할 수 있는 감정의 뭉치가 있다. 시에는 정면에서 객관적으로 평가받는 시인(詩人)으로서의 심정을 노출했다면, 사에는 가려진 이면에 잠재된 사인(詞人)의 진심을 노출했다.

그렇다고 이러한 문체 분업이 문인들 사이에서 확실하고 단호하게 실행된 것은 아니다. 작가에 따라 개인이나 사회적 환경에 따라 혼재하기도 했다. 그럼에도 불구하고 사 문학은 감정 문학의 결정체이고, 많은 사인들이 이를 외면적으로는 감히 표현할 수 없는 저변의 모습을 투출하는 창구로 이용했다.

사는 만당(晚唐)과 오대(五代) 때, 전문적인 문인사(文人詞)를 시작으로 송대(宋代)에 절정을 이루었다. 흔히 언급하는 '송사(宋詞)'라는 표현은 이를 정확히 설명하고 있다. 그리고 송대에 그 절정의 토대를 구비한 사인이 바로 안수(晏殊)다.

안수는 상당한 능력을 구비한 인재로서, 10대의 소년기에 이미 그 천재성을 인정받아 관직에 진입했다. 도중에 미세한 부침은 있었으나 일생 별다른 굴곡 없이 평탄하게 관로를 완주한 북송(北宋)의 정치가이자 문학가다. 그는 탄탄대로의 삶을 지속했기 때문에, 종신토록 부귀하고 안이한 생활을 지속적으로 향유할 수 있었다. 그래서 그의 사 문학 역시 성대하게 잘 차린 연회에서 마음껏 잘 마시고 잘 즐기는 내용, 그리고 장수하며 이를 오랫동안 누리고 싶다는 소망이 대부분이다. 사회 고발이나 정치 풍자가 아닌 소소한 개인적인 유희와 소망을 노래하고 있지만, 이 안에는 종종 진정한 감정과 내면도 함께 엉켜 있다. 그러나 그것이 극도의 울분이나 하염없는 수심은 결코 아니다. 그래서 냉정히 보자면, 안수 사에는 특별한 감동은 없다. 그렇다고 안수의 사가 졸작은 아니다. 오히려 만당·오대의 화간사풍(花間詞風)을 이어, 북송의 사체(詞體) 중 특히 소령(小令)의 모범을 형성한 수작이다. 오로지 감동만을 장착한 채 시종일관 작가가 구성한 깊은 심해에서 강한 감격으로 독자를 환호하게 하는 것도 수작이지만, 요동치는 감동은 아니더라도 절제와 함축으로 일관된 절도 있는 모습으로 독자에게 다가가는 것도 수작이다. 그리고 이것이 송대의 사 문학이 번성하는 출발점에서 그 전범을 제시하고 있는 안수의 사를 살펴보아야 하는 이유다.

안수는 평생 1만 수가 넘는 사를 창작했지만, 현재는 《주옥사(珠玉詞)》에 136수만이 전할 뿐이다. 본 역서는 2019년 장쑤펑황원이출판사(江蘇鳳凰文藝出版社)에서 출판한 《주옥사(珠玉詞)》를 중심으로 그 원문과 구두점을 참

고했다. 다만 현재 장쑤평황원이출판사에서 시리즈의 성격으로 출판하고 있는 사집(詞集)들은 사 문학을 대중이 쉽게 이해하도록 하려는 취지를 가지고 진행되고 있는 만큼, 그 전체적인 해석이 지나치게 의역으로 경도된 부분이 있어, 본 역서에서는 그 주석(注釋)과 백화의 역문(譯文)은 참고하지 않았다.

결국 본 역서는 현존하는 안수의 사 136수를 수록한 《주옥사》 전체를 완역했다. 그러나 그 판본에 따라 수록된 136수가 완전히 동일한 것이 아닌 약간의 출입을 보이고 있는 점을 감안해, 본 역서에서는 위에서 언급한 장쑤평황원이출판사의 《주옥사》 136수 외에 출입을 보이는 작품들을 더해, 판본이 다르다 해도 《주옥사》에 수록된 사작(詞作)들을 모두 취급해 140수를 번역했음을 밝힌다.

사의 원작에 기입된 제목은 사의 내용과는 무관한 사의 음악성을 설명하는 곡조에 불과하므로, 본 역서에서는 작품에서 가장 대표성을 지닌다고 판단한 구절을 선택해 번역 사의 제목으로 사용했다. 또한 사인의 의도를 파악하는 데 필수적으로 이해해야 하는 사어(詞語)들은 주석으로 설명했으며, 앞에서 설명한 사어는 재차 주석으로 부언하지 않았다. 아울러 각 작품의 하단에는 작품의 내용을 짧게 설명했다.

앞서 언급한 것과 같이 안수의 사는 감동이 없어 수작

이 아니라고 오해할 수 있지만, 그 사의(詞意)의 중의성은 고도의 문학적 함축으로, 이 때문에 안수의 사를 세련된 소령(小令)458)의 모범으로 추대한다. 그리고 이는 중국 문학 중 최고의 감성 문학인 사 문학의 토대를 구축한 안수의 공로이며, 그 사 문학의 가치다. 안수가 이룩한 '함축을 기반으로 하는 완약사(婉約詞)의 표본'은 완약을 종주로 하는 사 문학의 핵심이라고 할 수 있다.

부디 본 역서가 중국 역대의 사 문학을 총체적으로 이해하는 데 일부의 역할을 할 수 있기를 바랄 뿐이다.

녹록하지 않은 여건 속에서도 오랜 기간 한결같이 많은 총서와 역서들을 기획해 출판하고 계신 커뮤니케이션북스(주) 지식을만드는지식의 모든 편집자와 관계자분들께 머리 숙여 진심으로 깊은 감사를 드린다.

2024년의 맹하(孟夏)에 옮긴이(윤혜지 · 홍병혜) 일동

---

458) 중국의 사(詞) 양식 가운데 50자 이내의 짧은 시형을 통틀어 이르는 말이다. 전편이 한 단(段)으로 이루어지는데, 당나라 말기부터 북송(北宋) 때까지 유행했다.

지은이에 대해

안수(晏殊, 991~1055)는 자(字)가 동숙(同叔)이고, 무주(撫州) 임천[臨川, 지금의 장시성(江西省) 진셴현(進賢縣)] 사람이다.

어려서부터 신동으로 이름을 떨치며 7세 때 이미 시문(詩文)에 능했다. 14세 때, 당시 강남안무(江南按撫)였던 장지백(張知白)이 그의 명성을 듣고 경덕(景德) 원년(1004)에 조정에 천거했으며, 이에 경덕 2년인 1005년에 사동진사(賜同進士 : 진사와 동급으로 인정해 주는 제도)를 통해 비서정자(祕書正字)에 임명되었다. 이후에 태자사인(太子舍人)·지제고(知制誥)·한림학사(翰林學士) 등을 역임했고, 세심하고 사려 깊은 성품으로 진종(眞宗)에게 무한한 신임을 얻었다. 인종(仁宗)이 즉위한 후, 유태후(劉太后)에게 수렴청정을 건의하며 요직에 임명되었고, 인종에게 《역(易)》을 강의했다. 그 후에도 추밀부사(樞密副使)까지 승진 가도를 달리다가 유 태후의 심기를 건드리면서 응천부(應天府)의 지부(知府)로 좌천되기도 했다. 그러나 인종이 친정(親政)을 한 후에는 다시 인종의 깊은 총애를 받아 관직이 집현전대학사(集賢殿大學士)·

동평장사 겸 추밀사(同平章事兼樞密使)에까지 이르렀고, 무주 출신의 첫 번째 재상이 되었다. 범중엄(范仲淹, 989~1052)·부필(富弼, 1004~1083)·구양수(歐陽修, 1007~1072)·왕안석(王安石, 1021~1086) 등과 같은 북송 시기의 명사들이 한때 안수의 문하에서 대량으로 배출되었는데, 당시 그의 세력이나 영향력과 무관하지 않다. 만년에는 진주(陳州)·허주(許州) 등지의 지주(知州)를 지냈다. 또한 임치공(臨淄公)에 봉해지기도 했다.

안수는 평생 비교적 순탄한 관로를 거치며 부귀한 생활을 누렸다. 지화(至和) 2년인 1055년에 향년 65세로 수도인 개봉(開封)에서 병사(病死)했다. 사공 겸 시중(司空兼侍中)으로 추증(追贈)되었으며, 시호(諡號)는 원헌(元獻)이다.

안수는 문학 창작에서 시(詩)·사(詞)·문(文) 등 다방면으로 두각을 드러냈다. 《동도사략(東都事略)》에 따르면 안수의 《문집(文集)》은 240권이 있었다고 하지만, 지금은 모두 산일(散佚)되고 전하지 않는다. 그는 서법(書法)에도 능했는데, 특히 사작(詞作)에 출중해 '재상사인(宰相詞人)'이라고 일컫는다. 안수는 일생 만여 수의 사를 썼다고 알려져 있으나, 현재는 《주옥사(珠玉詞)》 3권에 136수의 작품만이 전할 뿐이다. 이외에도 오늘날 백과사전에 해당하는 《유요(類要)》를 편찬했지만 대부분 전하지 않고, 그

잔본과 《안원헌유문(晏元獻遺文)》만이 전한다.

 안수 사의 풍격은 만당(晩唐)과 오대(五代)의 완약(婉約) 풍격, 특히 남당(南唐)의 사풍(詞風)을 계승했다. 형식은 소령(小令)이 대부분이고 내용이 단조로움에도 불구하고, 그 풍격이 특히 '함축완려(含蓄婉麗)'하다. 그의 사풍은 북송(北宋) 초기 사단(詞壇)에 매우 큰 영향력을 발휘했다. 안수는 강직한 성격을 소유했으나 이에 반해 그의 사어(詞語)는 대단히 유려하고 정연하다. 중국 문학사에서 당시의 구양수와 함께 '안(晏)·구(歐)'로 병칭하며 '북송 사인의 시조(北宋倚聲家初祖)'로 추앙되는데, 세간에서도 북송 시기 소령(小令)의 대가로 불린다. 이외에도 북송 화간(花間)사풍의 종결자인 그의 일곱째 아들 안기도(晏幾道, 1038~1110)와 '이안(二晏)' 또는 각각 '대안(大晏)'과 '소안(小晏)'으로 불리며 북송 당시 소령의 유업을 전승한 가문으로 인정받고 있다.

옮긴이에 대해

 윤혜지는 국립 타이완사범대학교에서 박사 학위를 취득했고, 한국외국어대학교와 고려대학교의 외래교수를 거쳐 현재는 한국외국어대학교 중국 연구소의 학술연구교수로 재직 중이다. 〈중국 고대 여성 작가의 서호시사〉(2023)·〈중국 산동 지역 여성 작가 시 고찰〉(2022)·〈《옥대신영》에 수록된 여성 작가 정한시 고찰〉(2021)·〈청대 여시인 서소화의《서도강시》제재 고찰〉(2021)·〈원대 문언 필기 소설《춘몽록》속 창화시사 시탐〉(2020) 등 다수의 논문을 발표했다. 중국의 고전 시가를 위주로 연구하며, 고대 중국의 여성 문학 분야에서도 심도 있는 연구를 이어 가고 있다.

 홍병혜는 한국외국어대학교에서 박사 학위를 취득했고, 배화여자대학교의 겸임교수와 단국대학교의 외래교수를 거쳐 현재는 한국외국어대학교 중국어 통번역학과와 KFLT대학원에서 강의하고 있다. 〈남송 시기의 소외 사 문학〉(2023)·〈발로와 위로의 가치, 팝으로써의 송대 유영 사〉(2022)·〈당송사 유파 형성의 알고리즘〉(2022)·

〈이주 사의 망국 감성〉(2021) · 〈화간사인들의 절대감성〉(2021) 등 중국 사 문학과 관련한 다수의 논문을 집필했다. 사 문학 속에 내재한 사인들의 감성에 주목해 사 문학의 감성을 조명하는 데에 관심을 가지며, 이에 대한 연구를 진행 중이다.

주옥사

지은이 안수
옮긴이 윤혜지·홍병혜
펴낸이 박영률

초판 1쇄 펴낸날 2024년 6월 13일

지식을만드는지식
출판등록 제313-2007-000166호(2007년 8월 17일)
02880 서울시 성북구 성북로 5-11
전화 (02) 7474 001, 팩스 (02) 736 5047
commbooks@commbooks.com
www.commbooks.com

ⓒ 윤혜지·홍병혜, 2024

지식을만드는지식은
커뮤니케이션북스(주)의 고전 출판 브랜드입니다.
이 책은 저작권자와 계약해 발행했으므로, 본사의 서면 허락 없이는
어떠한 형태나 수단으로도 이 책의 내용을 이용할 수 없습니다.

ISBN 979-11-288-9066-6 03820

책값은 뒤표지에 있습니다.